我只丟掉老虎

劉繼榮◎著

目錄

手足的腳步

伴侶的目光

孩子的心房

我只丟掉老虎

引言

孩子，剛才你替我梳頭髮時，忽然神秘地要我做道測試題：「去原始叢林探險，帶著五種動物——大象、狗、孔雀、猴子和老虎，在危機四伏的環境中，迫於無奈要把他們一個個放棄，你會按什麼次序來放棄？」

我嘻笑著耍賴：「可不可以都帶走？」你哈哈大笑：「媽媽不要貪心哦！」我鄭重地回答：「那麼，我只會丟掉老虎，其餘的絕不放手。」

「為什麼？」你手中的梳子停了一下。其實，我早已知道，大象代表父母；狗代表手足、朋友；孔雀代表伴侶；猴子代表子女；老虎代表對金錢和權力的欲望。

孩子，從觸摸到塵世的那一刻起，我們就沒有孤單過。父母、手足朋友、伴侶、孩子，他們會在一段一段冷暖交織的光陰裏，代替天使疼惜你。因此，你心無寸土，亦可種滿園玫瑰；你脅下無雙翼，仍可隨花香起飛。即使是一個風雪夜歸人，白屋裏依然有燈火暈黃，西窗下有人剪燭而待。

新年遊藝會上，你抽到的禮品，本來是每個男孩都最想要的變形金剛。另一個男孩，抽到了你手中這把桃木梳子，頓時又急又窘。儘管主持人一再解釋，用這梳子梳頭可以治療白髮，他依然大哭不止。你立即跟他做了交換，當主持人誇獎你有哥哥風度時，你老老實實地說：「我只有『兒子風度』，我媽媽長了白髮，變形金剛又不能治療。」

那時，我的心，似被鴿子的紅喙吻過，像雨珠彌散成暖窗上朦朧的霧氣。覺得自己的每根頭髮，都能開出一朵笑笑的桃花。

孩子，你已有了深愛的父母，有了手足與朋友，在未來的日子裏，你還會遇見你的伴侶，你的孩子。那麼，請懷一顆柔軟的心，與他們好好地相處，愈到險境，愈不能輕言放棄。

上帝給人兩隻靈活的手臂，不是為了推拒，而是為了讓你朝著每個方向，都能握住離自己最近的手。

請讓我告訴你，那些生命裏有關親人的故事。故事很普通，像二十四番花信風，沒有傳奇，只有溫馨。它是桃木梳子淡紫的紋路；是手織圍巾老實的綿密；是案上那盞熱茶一般，觸手可及的溫暖。

她是第一個愛你的人。
落地時，她沒有鑽石湯匙相贈，只以乳汁餵養你，
稍大些，又以普通湯匙餵你溫熱粥飯。
你感冒發熱一回，她便憔悴一分，
數日後，明明你已歡笑如常，
她仍會不由自主試你額頭溫度，要你多喝水。
成人後，她依然呼你乳名，擔憂你不吃早餐，半夜會踢被子
她只是個平常人，即無琉璃心，也無水晶肝，
卻知你冷暖，懂你饑飽，在意你的悲喜，關注你的健康。
桂花在香裡，棉花在暖裡，
要有多愛，才能有一個又香又暖的懷抱。

母親的背影

短針長線，溫暖人生

32歲的我

天涼了，我找出去年的那件風衣，發現一粒扣子鬆了線，三心二意地吊著。尋出針線盒，我不禁愣住——紫紅的絲絨布上，並排別著一溜銀針，它們身上纏著各色穿好的線，像小小的士兵，靜靜待命。

心裏兀地一暖，不由地微笑起來——這是媽媽穿的線。輕輕地拈出一根針，幾乎能觸到半年前離世的媽媽所留下的溫度。彷彿看見——陽臺上月季紅著、文竹綠著，在金色絨毛般的陽光裏，媽媽瞇著眼睛在做針線。

媽媽知道，我最不耐煩拈針引線。但家裏有個淘氣小子，常常不得不縫縫補補。稍繁瑣些的活，可以交給裁縫師傅。掉了扣子、袖口開了線，這樣細碎的活，生的裁縫不肯做，熟的又不肯收錢，弄得兩頭為難，我只好自己來做。

我是個好抱怨的人。一根針找不到、一條線顏色不對，都會讓我氣悶。我尤其喜歡向媽媽電話訴苦，唧唧咕咕，一說半天。如同小時候，覺得自己的布娃娃沒有鄰居女孩的漂亮，都會揪住媽媽的衣角哭訴。而媽媽，一直都在安靜地聽，自己從無怨言。

其實，她的一生並不平坦。出生後，就被放在外公外婆家門口，片言隻字皆無。終其一生，不知道生身父母為誰。結婚不久，父親忽然成為右派。批鬥、抄家，也只是讓她傷心了一夜。然後，硬是憑著一手好針線，幫了自己幫別人，贏得了街坊的敬重。

日子裏纏著重重疊疊的雲霧，撥開了還來，走完了又走。父親弄丟了那筆補發的工資，她不氣；哥哥沒考上大學，她亦不惱；當醫生告訴她，她的右眼將永遠失明時，她也只是點點頭。她手裏總做著活計，飛針走線，密密麻麻的針腳，像人間歲月，穿過留痕，一行行紋絲不亂。

每次聽我抱怨東抱怨西，她總會說，這件事不值得氣，那件事也不值得氣。我不服氣地反問：「依你說，什麼事才值得生氣？」她側過頭，將針磨著。過了好一會兒，才慢條斯理地回答：「世上沒有什麼事是值得生氣的。」我和她，都笑起來。正午的好太陽，曬著母女倆同一版本的笑容。日子像打開的一頁書，雖有諸多不快，亦有溫馨的插圖。

如今，偶有不快，我會拈起針線。替毛毛熊縫耳朵，給兒子補補校服的開線處。針紮進布料又透出來，看著一行行平穩的針腳，心，總能平靜下來。不為別的，只為那些短針長線裏，有媽媽的味道。

月季紅、文竹綠，陽光暖洋洋的，還有什麼事比這更快樂的。

母親，我怎麼讓你等了那麼久

30歲的我

母親真的老了，變得孩子般纏人，每次打電話來，總是滿懷熱誠地問：「你什麼時候回家？」

且不說相隔一千多里路，要轉三次車，光是工作、孩子已經讓我分身無術，哪裡還抽得出時間回家。母親的耳朵不好，我解釋了半天，她仍舊熱切地問：「你什麼時候能回來？」

幾次三番，我終於沒有了耐心，在電話裏衝母親大聲嚷嚷，她終於聽明白，默默掛了電話。隔幾天，母親又問同樣的問題，只是那語調怯怯地，沒有了底氣。像個不甘心的孩子，明知問了也是白問，可就是忍不住。我心一軟，沉吟了一下。

母親見我沒有煩，立刻開心起來。她欣喜地向我描述：「後院的

我一向以為，去看母親，遲到早退不會扣薪水；我一向以為，母親會永遠在老屋等我，無論何時，只要喊一聲「媽！」那個親切的人，便會欣喜地奔出來。我從未想過，有一天，我再也找不到她。

石榴都開花了，西瓜快熟了，你回來吧！」

我為難地說：「那麼忙，怎麼能請得上假呢！」她急急地說：「你就說媽媽得了癌，只有半年的活頭了！」我立刻責怪她胡說，她呵呵地笑了。小時候，每逢颳風下雨，我不想去上學，便裝肚子疼，被母親識破，挨了一頓好罵。現在老了，她反而教著女兒說謊了，我又好氣又好笑。

這樣的問答不停地重複著，我終於不忍心，告訴她下個月一定回去，母親竟高興得哽咽起來。可不知怎麼了，永遠都有忙不完的事，每件事都比回家重要，最後，到底沒能回去。

電話那頭的母親，彷彿沒有力氣再說一個字，我滿懷內疚：「媽，生氣了吧？」母親這一回聽真了，她連忙說：「孩子，我沒有生你的氣，我知道你忙。」

可是沒幾天，母親的電話催得越發緊了。她說，葡萄熟了，梨熟了，快回來吃吧。我說，有什麼稀罕，這裏滿大街都是，花個十元八元就能吃個夠。母親不高興了，我又耐下性子來哄她：「不過，那些東西都是化肥和農藥餵大的，哪有你種的好呢。」母親得意地笑起來。

星期六那天，氣溫特別高，我不敢出門，開了空調在家裏呆著。孩子嚷嚷雪糕沒了，我只好下樓去超市買。在暑氣蒸騰的街頭，我忽然就看見了母親的背影。看樣子她剛下車，胳膊上挎著個籃子，背上背著沉甸甸的袋子，她彎著腰，左躲右閃著，怕別人碰了她的東西。在擁擠的人流裏，母親每走一步都很吃力。我大聲地叫她，她急急抬起滿是熱汗的臉，四處尋找，看見我走過來，竟驚喜地說不出話來。

一回到家，母親就喜滋滋地往外捧那些東西。她的手青筋暴露，十指上都纏著膠布，手背上有結了痂的血口子。母親笑著對我說：「吃呀，你快吃呀，這全是我挑出來的。」

我這沒有出過遠門的母親，只為著我的一句話，便千里迢迢地趕了來。她坐的是最便宜、沒有空調的客車，車上又熱又擠，但那些水靈靈的葡萄和梨子都完好無損。我想像不出，她一路上是如何過來的，我只知道，在這世上，凡有母親的地方就有奇蹟。

母親只住了三天，她說我太辛苦，起早貪黑地上班，還要照顧孩子，她乾著急卻幫不上忙。城裏的廚房設施，她一樣也不敢碰，生怕弄壞了。她自己悄悄去訂了票，又悄悄地一個人走。

才回去一星期，母親又說想我了，不住地催我回家。我苦笑：「媽，你再耐心一些吧！」第二天，我接到姨媽的電話：「你媽媽病了，你快回來吧！」我急得眼前發黑，淚眼婆娑地奔到車站，趕上了最後一趟車。

一路上，我心裏不住地祈禱。我希望這是母親騙我的，我希望她好好的。我願意聽她的嘮叨，願意吃光她給我做的所有飯菜，願意經常抽空來看她。此時，我才知道，人活到八十歲也是需要母親的。

車子終於到了村口，母親小跑著過來，滿臉的笑。我抱住她，又想哭又想笑，嗔怪道：「你說什麼不好，說自己有病，虧你想得出！」受了責備的母親，仍然無限地歡喜，她只是想看到我。

母親樂呵呵地忙進忙出，擺了一桌子好吃的東西，等著我的誇獎。我毫不留情地批評：「紅豆粥煮糊了；水煎包子的皮太厚；滷肉味道太鹹。」母親的笑容頓時變得尷尬，她無奈地搔著頭。我心裏暗笑，我知道，一旦我說什麼東西好吃，母親非得逼我吃一大堆，走的時候還要帶上，就這樣，我被她餵得肥肥白白，怎麼都瘦不下去。而且，不貶低她，我怎麼有機會佔領灶台呢？

我給母親做飯，跟她聊天，母親長時間地凝視著我，眼裏滿是疼愛。無論我說什麼，她都虔誠地半張著嘴，側著耳朵凝神地聽，就連午睡，她也坐在床邊，笑咪咪地看著我。我說：「既然這麼疼我，為什麼不跟著我住呢？」她說住不慣城裏的高樓。

沒呆幾天，我就急著要回去，母親苦苦央求我再住一天。她說，今早已託人到城裏買菜了，一會兒準能回來，她一定要好好給我做頓飯。縣城離這兒九十多里路，母親要把所有她認為好吃的東西都弄回

我一向以為，去看母親，遲到早退不會扣薪水；我一向以為，母親會永遠在老屋等我，無論何時，只要喊一聲「媽！」那個親切的人，便會欣喜地奔出來。我從未想過，有一天，我再也找不到她。

來，讓我吃下去，她才能心安。

從姨媽家回來的時候，母親精心準備的菜餚，終於端上了桌，我不禁驚詫——魚鱗沒有刮盡、雞塊上是細密的雞毛、香油金針菇裏居然有頭髮絲。無論是葷的還是素的，都讓人無法下箸。母親年輕時那麼愛乾淨，如今老了竟邋遢得這樣。母親見我挑來挑去就是不吃，她心疼地妥協了，送我去坐夜班車。

天很黑，母親挽著我的胳膊。她說，你走不慣鄉下的路。她陪我上了車，不住地囑咐東囑咐西，車子都開了，才急著下去，衣角卻被車門夾住，險些摔倒。我哽咽著，趴在車窗上大叫：「媽，媽，你小心些！」她沒聽清楚，邊追著車跑邊喊：「孩子，我沒有生你的氣，我知道你忙！」

這一回，母親仿佛滿足了，她竟沒有再催過我回家，只是不斷地對我說些開心的事：「家裏又添了隻很乖的小牛犢；明年開春，她要在院子裏種好多好多的花。」聽著聽著，我心裏一片溫暖。

到年底，我又接到姨媽的電話。她說：「你媽媽病了，快回來吧。」我哪裡相信，我們前天才通的話，母親說自己很好，叫我不要掛念。

姨媽只是不住地催我，半信半疑的我還是回去了，並且買了一大袋母親愛吃的油糕。

車到村頭的時候，我伸長脖子張望著，母親沒來接我，我心裏忽地就有了種不祥的預感。

姨媽告訴我，給我打電話的時候，母親就已經不在了，她走得很安詳。半年前，母親就被診斷出了癌症，只是她沒有告訴任何人，仍和平常一樣樂呵呵地忙裏忙外，並且把自己的後事都安排妥當了。姨媽還告訴我，母親老早就患了眼疾，看東西很費勁。

我緊緊地把那袋油糕抱在胸前，一顆心彷彿被人挖走。原來，母親知道自己剩下的日子不多了，才不住地打電話叫我回家，她想再多看我幾眼，再和我多說幾句話。原來，我挑剔著不肯下箸的飯菜，是

我一向以為，去看母親，遲到早退不會扣薪水；我一向以為，母親會永遠在老屋等我，無論何時，只要喊一聲「媽！」那個親切的人，便會欣喜地奔出來。我從未想過，有一天，我再也找不到她。

她在視力模糊的情況下做的，我是多麼的粗心！我走的那個晚上，她一個人是如何摸索到家，她跌倒了沒有，我永遠都無從知道了。

母親，在生命最後的時光裏，還快樂地告訴我，牽牛花爬滿了舊煙囪，扁豆花開得像我小時候穿的紫衣裳。你留下所有的愛，所有的溫暖，然後安靜地離開。

我知道，你是這世上唯一不會生我氣的人，唯一肯永遠等著我的人，也就是仗著這份寵愛，我才敢讓你等了那麼久。

可是，母親，我真的有那麼忙嗎？

老媽，我一直都在討好你

28歲的我

媽媽不知道母親節是哪天，也不認得我為她寫的任何一個字。六十多歲的人，脾氣大得出奇，白髮皺紋一樣不少，但這些並不妨礙她做一個漂亮媽媽。任何處境都能爽朗地大笑，是她始終瀟灑的原因，也是我一直討好她的原因。

第一次討好媽媽，絞盡腦汁為她寫了一篇小說，發表在一本頗有名氣的雜誌上。她不僅不誇讚，反而咄咄逼人地問我：「我的名字在哪裡？你就只會寫我吃苦受累，為什麼沒寫我愛唱歌、愛穿好衣服，你寫的是你哪一個媽？」我瞠目結舌，氣得無話可說。

她急匆匆跑進屋裏，翻出那張年輕時，自稱江南第一美女的相片，要我下次一定要把它登在報上。我裝模作樣地同意了，她立刻開

為我，你即便胃口不好，也會在早餐時多吃一勺粥；為你，我會在秋涼初起時，記得多穿一件衣服。兩顆互相輝映取暖的心，在所有細水長流的日子裏，一遍遍照亮彼此。

心地大笑起來。我馬上回嘴復仇：「你看你現在，又黑又醜，牙掉光了，頭髮白完了，成什麼樣子！」她哈哈大笑：「能成什麼樣？我要去染頭髮、去補牙、拉皺紋，我會越活越漂亮的！」

因為她的不願意老，再一次討好媽媽，就給她買了一套價值不菲的時裝。她一看卻大發脾氣，不喜歡那深黑的顏色。爸爸哄著她穿上，她彆彆扭扭只穿了三分鐘，就左抓右撓大叫全身發癢。我又氣又笑地問：「你說你想要什麼顏色的？」她氣呼呼地說：「我就喜歡你身上這件！」

我賭氣脫給她。你別說，她穿上我的深藍底色上開滿金黃大花的連衣裙，還真的很漂亮！她整個人都神采飛揚。鄰居打趣說她沒有做老人的樣子，她歡笑地轉著圈，讓裙擺在風中開成一朵碩大的花，五月的麥田裏盪漾著她的笑聲，那笑聲感染了所有的人。

又一次討好媽媽，是在我經濟最困窘的時候。時裝送不起了，送她一掛珍珠項鏈。媽媽戴上後，歡喜地在鏡子前照個不停。正巧舅媽來了，她得意洋洋地顯擺著。我心裏一沉，舅媽是開首飾店的，這種冒牌貨怎麼瞞得過她呢？照媽媽的脾氣準會跳腳大罵，我提著包悄悄逃走了。媽媽騎著三輪車把我追回來，她哽咽著說：「怎麼當我是外人呢？」

她領著我推開後園的門，天！滿世界的花兒，燃燒的石榴花像一樹無拘無束的大笑；金黃的葫蘆花；紫色的扁豆花，還有各種菜蔬的花。她自豪地告訴我，這個菜園兼果園每年可以收入許多錢；又指給我看樹下吃草的小牛犢，說養到開春能賣個好價錢；又讓我看身後的葡萄園，葡萄乾今年可以賣個好價錢。花色果香裏，媽媽的白髮熠熠生輝，她說著笑著，讓我儘管放心。

我是在農村長大的孩子，雖然算術學得極糟，但也能算出，媽媽說的那些收入裏的水分。可是不知怎麼的，每每想起那花園一樣綺麗的菜園，想起那綠意淙淙的葡萄園，還有樹下那隻乖乖的小牛犢，無論再多麼窘迫的境遇裏，我都會生出從頭再來的勇氣。

其實，我一直明白，我此生的幸福與快樂，才是討好老媽最好的方式。

一釐米的愛有多愛

水靈的故事

我呆呆地坐在電話機旁，鬱悶得想找個樹洞大喊幾聲。

應聘又要泡湯了，而且理由是那樣地教人難堪。就在這同時，媽媽卻得意地舉著她買的香菇，非要我猜猜多少錢一斤，我不知道自己是該哭還是該笑。

耐下性子，先誇香菇肥美可愛，再誇媽媽聰明能幹，然後把香菇洗淨剁碎做成餡子。我不聲不響地擀皮，媽媽邊包餃子，邊講在菜市場裏看見的笑話，她快活得像個孩子，我卻勉強苦笑。

本來，我對這次應聘信心滿滿，因為我的筆試、面試成績，全都名列榜首。今天卻有朋友悄悄透露，這家公司有個不成文規定，女職員身高不得低於一米六。

年少時，最愛計較情之長短、愛之深淺，總不肯有馬虎的四捨五入。若只有一人付出，愛再長也無法交匯。若兩顆心都種植愛，總有一天，你的藤蔓，會發現我的藤蔓；你的花瓣，會觸到我的花瓣。

頓時，我像個漏光氣的氣球，連呼吸都覺得艱澀。我從小就知道自己矮，跑步、跳繩、拉單槓，像個男孩子般瘋狂地運動，也只長到了一米五九。而同桌的女生，連課間操都沒認真做過，照樣輕輕鬆鬆地長到一米六八。

這該死的一釐米，此刻讓我的心痛到不能再痛，而該為這一釐米差距負全責的人——媽媽，卻若無其事。

我羨慕身邊的那些女孩，媽媽的手心手背、衣襟衣袖，隨時都可以撈過來擦眼淚；媽媽的肩膀懷抱，甚至連膝蓋肘彎，都可以放心地依靠。有一個慈愛的媽媽，簡直抵得過千軍萬馬，底氣足得可以與任何人分庭抗禮。

而我，從來沒有享受過這樣的福利。我是被當作一個男孩養大的，不能撒嬌、不能任性、不能推卸責任，所有的紛擾與困惑都必須自己扛。這只緣於，我有一個比我更像孩子的媽媽。

她是家族中唯一的女兒，一家人不知要怎麼疼她才好。那樣小心翼翼地呵護，那樣密不透風地寵溺，簡直讓她沒有長大的機會，這註定了她的婚姻會失敗，而我是她唯一的收穫。

這些年，也不能說她不愛我。只是那愛太淺了，淺到只有一釐米，而這一釐米，無論如何也到達不了我的心裏。

電話鈴響了，居然是那家讓我鬱悶的公司，說是主管請預備錄用的新員工吃飯。我踮起腳，對著穿衣鏡中的自己苦笑。我希望有個魔法師來幫忙，在我到達餐廳時能神奇地長高一釐米。

這家餐館出菜很慢，菜半天上不來，服務員乾脆也把我們當成了集體隱身。主管不時走出去接電話，沉默的男士們在用手機玩遊戲或上網，女士們端然凝坐，氣氛沉悶。

這場面令我坐立不安，像是回到七八歲時候，家裏來客人，媽媽並不懂得招待，氣氛尷尬，倒是我，落落大方地替她招呼客人。此

年少時，最愛計較情之長短、愛之深淺，總不肯有馬虎的四捨五入。若只有一人付出，愛再長也無法交匯。若兩顆心都種植愛，總有一天，你的藤蔓，會發現我的藤蔓；你的花瓣，會觸到我的花瓣。

刻，我又忍不住代服務員斟茶倒水，並見縫插針地替主管去催菜。菜好不容易上齊了，我見大家都僵著臉，便帶頭作自我介紹，向新朋友敬酒，附帶著講了兩個小笑話。

氣氛立刻輕鬆起來，我悄悄舒了口氣，但又在心裏埋怨起自己：「都是一樣的預備軍，憑什麼就我手腳發癢，像個跑堂的，而且，我又不是節目主持人，憑什麼要負責讓眾人開心。歸根究柢，都要怪媽媽，她迫使我變成了一個世故的女孩，一點也不可愛。」

出人意料，最後的結局是，公司願意錄用這個世故的、不可愛的女孩。那場飯局其實就是一次決賽，主管誇獎著：「你表現太出色了，幾乎想給你打一百二十分！」

難道，根本沒有身高限定這一說？我的鬱悶隨風而散，受傷的心自動痊癒。一釐米的痛，原來也只有一釐米而已，根本沒有傷筋動骨。

我沒有讓公司失望，工作做得風生水起，頗受好評。事業順風順水，自信心便水漲船高，居然暗戀上一個出類拔萃的帥哥。據我目測，他至少一米八，以後我的兒女，決不會像我這樣為一釐米而煩惱。

無論我的表現多麼出色，那位帥哥給我的微笑，和給所有人微笑的糖分都是一樣的。我有些心涼，放眼看過去，全公司屬我最矮、長得最不起眼，他要看上我，除非腋窩裏也生了一對眼睛。

我不禁又埋怨媽媽：「看人家對門是怎麼生女兒的，高挑的身材、瓜子臉、小蠻腰、鷺鷥腿，還附帶贈送一對酒窩。哪裡像我，也大了，也十八變了，變來變去還是個醜小鴨。」

媽媽立刻不高興了，眼圈發紅，鼻塞聲嘶。我啼笑皆非，該哭的人是我吧。我趕緊安慰她，誇她聲音溫柔、眼睛有神、睫毛捲長，是個經得住歲月揉搓的美人。她雖然有些不好意思，但還是偷偷地去臥室照了兩回鏡子。

年少時，最愛計較情之長短、愛之深淺，總不肯有馬虎的四捨五入。若只有一人付出，愛再長也無法交匯。若兩顆心都種植愛，總有一天，你的藤蔓，會發現我的藤蔓；你的花瓣，會觸到我的花瓣。

看著那個高挑美女，頻頻對我心儀的人放電，我擔憂，再等下去，生米就要變成美女口中的爆米花了。

那次，公司組織慈善活動，在孤兒院裏，有個小貓似的孩子，不哭、不笑，連手指頭也不啃，眼神茫茫然。

那個無助的表情，深深地攫住了我。我抱他在懷裏，撫摸他、吻他，喃喃對他說話。帥哥呆呆地看著，眼裏盡是迷惑。育嬰員笑了：「這樣的孩子就是要多抱，多跟他交流，可是我們的時間不夠用啊！」

那天離開的時候，孩子向我伸出手，哭了。帥哥看著我，目光裏似乎添加了新的附件。

又一個假日，我們在孤兒院不期而遇。帥哥學著我的樣子，擁抱那孩子，給他吹口哨、做鬼臉。他問我：「你如何懂得孩子心裏想要什麼？」我告訴他，在父親斷然離去的那些日子裏，媽媽一如那個孤兒，不言不語、不吃不睡。我擁抱她，跟她說話，給她一勺一勺餵粥。直到她能夠哭泣、抱怨，且眼疾手快地跟我搶電視遙控器。

帥哥深深地看著我，目光像新熬好的麥芽糖。他溫柔地問懷裏咿咿呀呀的孩子：「你說，假如我有一個這樣的女朋友，會不會永遠幸福？」

那一甏米的尷尬，終於化成了千絲萬縷的甜蜜。在婚禮上，我自己開心得像顆爆米花。

我剛懷孕，老公就被派去國外，媽媽興沖沖跑來照顧我，不過她畢竟不擅長做家務。一回，我終於忍耐不住，指責她煮的飯太難吃；指責她拖過的地水漬團團；指責她燙過的衣服像醃白菜。她忍著，一直不說話。這樣反常，倒叫我驚詫，終於訕訕地自動閉嘴。

第二天下班回來的時候，我看見桌子上放著煮好的飯菜，還有一封信。倔強而任性的媽媽，何時變得這樣委婉了呢？我不禁好奇地拆開信，媽媽寫道：

年少時，最愛計較情之長短、愛之深淺，總不肯有馬虎的四捨五入。若只有一人付出，愛再長也無法交匯。若兩顆心都種植愛，總有一天，你的藤蔓，會發現我的藤蔓；你的花瓣，會觸到我的花瓣。

「孩子，我自幼就被寵了滿身的壞毛病，是你的出生改變了我——你的眼睛讓我看見善良；你的哭泣讓我懂得溫柔；你的笑讓我學會珍惜。

你知道嗎？在你出生前，我好逸惡勞，事情盡挑輕鬆的做。但你出生後，我狂熱地看童話故事、讀《十萬個為什麼》，並織成了有生以來的第一件毛衣，儘管那毛衣錯針、漏針無數。

有了你我才知道，一個合格的母親，要有無數隱形的文憑——出色的兒科醫生、合格的營養師、優秀的廚師、十項全能的家庭教師。平庸而怯懦的我，變得勤奮而勇敢。有時，我也曾想，如果做學生時有這樣努力的一半，成績也不會如此不堪。一個母親的潛力到底有多大，任何人都是無法估量的。

但說到底，我是沒有天分。很多事情，看著別的母親無師自通，我總是弄得一塌糊塗。

請原諒我的笨拙。首先，我沒能將你生成你想要的模樣，而且，我是個粗心的母親——你額上有個小小的疤痕、你的手臂骨折過、你有過貧血。

這些年，我愛得那麼用力，卻不斷地讓你淪為同學的笑柄——上小學時，你羨慕別人有會武術的爸爸，我跑去道館跟小孩子們一起學跆拳道；上初中時，你被蠻橫小女生欺負，我跑去學校門口跟她說理，結果反被狼狽地氣哭；上高中時，你總嫌自己個子矮，在種種方法都不奏效後，我道聽塗說買了增高藥，你吃了後胃疼，足足打了一周的點滴。

等我終於明白，那一釐米，我是沒有辦法幫你得到的。我便開始努力地學說笑話，想讓你開心到放下那惱人的一釐米。

昨天，你竟然那樣指責我，我一氣之下想離開你，可又捨不得。這麼多年了，我們的角色一直在反轉著，你照顧我、寵愛我。現在是你最需要人照顧的時候，無論如何，我都不能離開。

今天，我要去報兩個班——一個廚藝班，一個嬰兒護理班。我不

年少時，最愛計較情之長短、愛之深淺，總不肯有馬虎的四捨五入。若只有一人付出，愛再長也無法交匯。若兩顆心都種植愛，總有一天，你的藤蔓，會發現我的藤蔓；你的花瓣，會觸到我的花瓣。

知道，這一次我能不能取得好成績。我一直想像窗外的爬山虎那樣，伸出所有的觸手，一鳌米一鳌米地抱住你，直到你覺得溫暖。」

放下信，我端起飯碗——米飯仍然是水份太多；排骨照舊燉得太爛；湯淡得沒有味道。我一口一口地吃著，這些淡而無味的食物，給我一種從來沒有過的溫柔感覺。

窗外，是媽媽信中寫的那一架爬山虎。秋霜裏，每片葉子都紅得澄澈。一顆執著的心，要通過這樣一種曲折的方式，繞過二十年的歲月，一寸一寸，才到達另一顆離自己最近的心。

為你找回那句話

一個真實故事

有位六十多歲的媽媽，每天都給女兒打電話。她聽到的，總是語音信箱的留言：「對不起，我現在很忙，有事請留言哦！」那輕俏活潑的聲音，讓媽媽禁不住笑容滿面。明知女兒不在電話那頭，她仍會慈愛地回答：「好，你去忙，媽媽明天再打給你。」

事實上，這聲音的主人，已在一年前因車禍去世。這句熟悉而親切的留言，是母親找到女兒的唯一方式。它像一把神奇的鑰匙，可以隨時開啟一扇通向秘密花園的門。那裏，盛開著有關女兒所有溫柔的記憶。

女兒走後，這個手機再也無人使用，而這位母親仍然按時繳納著月租費。每天聽著這句留言，她覺得女兒並未遠走，還在從前的那家公司上班。

母親彷彿就坐在女兒身邊，微笑地看著她，看女兒靈巧的手指敲擊著鍵盤；看女兒在會議室與同事侃侃而談；看女兒將一份檔案放進影印機。

在這甜蜜的遐想中，母親捱過了漫漫長夜，捱過了一寸一寸的疼痛。在茫茫復茫茫的海上，有時，只須一句話，就能擺渡一顆柔軟的心。

忽然有一天，當她習慣性地撥打這個電話時，女兒的留言竟消失了！她聽見的，只有對方已關機的提示音。驚慌失措的母親，恍如失掉了整個世界。

她費盡周折，找到了女兒手機門號公司的客服電話。電話接通的一瞬，她淚眼矇朧，語不成句。對方聽清她的問題後，耐心地向她做了解釋。

原來，電信公司已通過短訊告知客戶，語音系統即將升級，請轉換到新的系統儲存，否則會丟失。這位母親從未打開過女兒的手機，所以在新系統上線一周後，她失去了這個珍貴的留言。

母親徹底崩潰了：「這是我過世女兒的留言，以後，我該怎麼辦？」這位六十多歲的老人哽咽著，像個無助的孩子。

客服人員立即將此事向上級呈報，工作人員花了一個月的時間，從數百萬用戶的上百萬個語音信箱中，過濾掉所有留言，找到了這則女兒的錄音，並著手處理讓原音重現。

日夜盼望的母親，終於又聽到那活潑輕俏的聲音。這一瞬，她開心得笑起來：「聽到了！聽到了！」彷彿那個眉眼乖巧的女孩，又親暱地依偎在身旁，一伸手，就可以抱到她。為了永遠不再遺失這條留言，公司人員將這段錄音拷貝到光碟裏，贈送給這位母親。

也許我們都是普通人，無法阻止地震、車禍、海嘯的發生，但我們有能力用持久的耐心和綿密的關懷，去縫合一位母親破碎的心，留住她最深的溫暖。

他的媽媽也愛我

美樹的故事

婆婆出差路過我家時，我正與老公冷戰。「婆婆」——波字底下的女人，無事還要攪起千重浪，何況，現在正值非常時期，因此，老公眉開眼笑之際，是我憂心忡忡之時。

不過，老公很快就笑不出來了。因為婆婆看見我們的第一眼便驚呼：「我兒子胖了，但我媳婦怎麼瘦成這樣，太讓人心疼了！」

我鼻子一酸，就開始傾訴自己的委屈——在家裏，老公什麼家務也不會做，而且還時不時帶些狐朋狗友回來吃飯聚會。我在外面累得心力交瘁，回來還要打起精神忙得團團轉。在工作上，他像個孩子般，一有空就上網、下圍棋，全不知道打拼。

婆婆靜靜聽著，等我痛痛快快地發洩完後，她溫和地說：「這孩子是笨，從小就不讓人省心，不過我感到欣慰的是，他把人生中最重要的一件事情做對了！」

到底是媽媽，自家的孩子再怎麼樣都是好的。心裏酸溜溜的我，臉上就帶出了不服氣：「什麼事？」婆婆微笑：「他娶了聰明可愛的你。」

我一下呆了，心裏連連驚呼：「薑還是老的辣，這種四兩撥千斤的本事，不是一般人能有的。」

她輕輕拍拍我的手背：「你既能選中他，說明他不是真正的榆木疙瘩，你要提點他呀。」

我聽此話大有深意，趁勢撒嬌道：「可是，媽，你得先提點我呀！」婆婆看我一眼，忍不住笑了。

就這樣，兩個本以為會矛盾重重的女人，此刻親密無間，頭挨著頭唧唧咕咕。一個傾心道出看家的本事，一個虛心領悟、茅塞頓開。

婆婆還笑咪咪地囑咐：「這可絕不能讓某些人知道，否則就不靈驗了。」我連連點頭，邊笑邊給婆婆奉上一杯玫瑰養顏茶，婆婆連誇好喝。

老公剛才見我在告他的御狀，一陣風溜進書房下圍棋去了。此時，聽見外面談笑風生，忍不住蹭了出來，不過他一出來，我們倆就只管悠然品茶。

看見他抓耳撓腮的模樣，我與婆婆相視一笑，兩個人的目光裏便有了親密戰友的味道。

好的愛情不是月老給的，是自己的優秀掙來的；好的婚姻不是靠時間磨出來，是真情加智慧滋養出來的。當了幾十年教師的婆婆，將這些道理娓娓道來，並向我提供點石成金的妙計。儘管我連連點頭，心中卻是半信半疑：「我不是沒有努力過，可是老公軟硬不吃，婆婆的計策真的管用嗎？」無論如何，我還是想試一試。

首先，我又變回了從前那個溫婉的小妻子，凡事有商有量，回家來也有說有笑，老公不禁鬆一口氣，喜出望外。很快，我又遭遇了

「懶人計」，加班回家後，照例鍋冷灶涼，老公笑嘻嘻地請我出去吃，按照慣例，我會一口拒絕，邊抱怨邊下廚忙活。今天我卻按婆婆的計策一口答應，並歡歡喜喜地選了家頗有檔次的餐廳。平日裏，即使要在外面吃，我也儘量找一家實惠的小餐館，精打細算地點兩個小菜，吃飽就行。

今天，我巧笑嫣然，對老公撒著嬌——要雅座、要紅酒，還要了菜單上一大堆最昂貴的菜餚。不但老公瞠目結舌，連服務員都面色怪異，同情地看著老公。

我去洗手間時，聽見兩個服務員議論著：「我敢打賭，他們絕對不是正牌夫妻，你看她點菜時的那股狠勁，真正的老婆是做不出來的。」

我努力忍住笑，若無其事地回到餐桌邊。儘管老公埋頭苦吃，卻還是剩了大半桌。老公要打包，我挽著他的胳膊就走，說剩飯剩菜吃了不利於健康，反正明天我還要加班，咱們再來吃新鮮的。

出門時，老公頻頻回首，對那盤沒吃幾口的肥蟹上演「讓我再看你一眼」的深情。第二天我回來時，遠遠就看見廚房裏燈火通明，進得門來，老公身上綁著我的小花圍裙，桌上有熱騰騰的四菜一湯。

我在電話裏真心實意地大讚婆婆高明，她老人家一面提醒我，要抓緊實施第二步計畫了，不能心軟，否則前功盡棄。

老公又招那幫哥兒們來聚會，我不再滿頭油汗地蒸炒煎煮，而是悠悠然準備杯盤，指揮老公去樓下的熟食店買各種成品、半成品餐點。我輕鬆地坐在他們中間，還興致勃勃地喝了兩杯，然後大呼頭暈，就去臥室躺下了。

他們又到深夜才散，我聽見老公笨手笨腳地收拾著殘局，邊拾掇邊嘆氣。我躲在被窩下偷笑，煙灰酒漬、菜屑飯汁，還有一堆碗盞杯筷，夠他忙一陣子了。

第二天他向我叫苦，綠蘿的花盆裏竟有魚骨頭；心愛的布沙發被煙灰燙了洞；成套的酒杯被打爛兩隻……我用他平時的口吻說：「哎呀，別嘮叨這些小事了，大家玩得盡興就成！」

老公不再作聲，但是他的家庭聚會從此銷聲匿跡。至此，我對婆婆心服口服，只是心裏有些納悶：「婆婆是他的媽媽，怎麼會反過來幫著我呢？」

有了婆婆的裏應外合，我節節獲勝，老公不僅在家裏堪稱模範，在工作上也勇往直前，年終的業績令所有人刮目相看。就在我與婆婆偷偷慶祝的時候，意想不到的事發生了。

老公剛剛升級成功，便有眼尖手快的小女人挨身過來了。老公雖未失節，但我卻鬱悶得寢食難安。費了這麼大的苦心，剛栽培得見花見朵，就有不相干的路人下手了。這樣也不成，那樣也不成，婚姻怎麼這樣麻煩呢！

老公出差了，我給婆婆打電話。婆婆幽默地說：「要讓他也鬱悶呀，兩個鬱悶加一塊，就能減去很多麻煩。」婆婆將那些瑣碎且實用的小謀略，悉數吐露出來，聽著她的慢聲細語，我的心彷彿找到了一種依靠，漸漸安靜下來。

老公回來了，居然為我挑選了可人的禮物，這是從前大剌剌的他不曾做的事，他還用語言和行動向我表明，他不會為那些輕薄的曖昧動心。這個男人，似乎長大許多。

我懷疑是婆婆暗暗下了功夫，便悄悄打聽。婆婆沒有否認，她誠懇地說：「婚姻不能只靠哪一個人去經營，雙方都得努力才能走得更遠。」

見婆婆這樣坦誠，我勇敢地問了那個一直想知道的問題：「您是他的媽媽，為什麼那麼疼我呢？」

婆婆笑了：「兒子還未出生，我就許願，一定要幫助他得到一個快樂的人生，而好的婚姻是離幸福最近的跑道。」

原來，是她的聰明，她的善良，讓她這樣細心地呵護著我，呵護著我們的婚姻。那些有關婚姻的三十六計，都是一個可親可敬的老人，給孩子們和我最好的禮物。

很少給爸爸買禮物，很少與爸爸聊天，總覺得他是一棵樹，
雖然也是綠葉婆娑，卻比不上花朵容易親近。
多年以後，我才知道，
為何我每次跌倒都能站起，為何我沒有翅膀也能飛，
那是因為我心中有棵參天大樹，樹的名字叫「父親」。

父親
的肩膀

離我最近的肩膀

我的故事

擁擠的人流中，一個匆匆而過的蒼老背影；嘈雜的車站裏，一句親切的鄉音；涼意叢生的晚風裏，一首熟悉的老歌，會不會讓你想起一個人，想起那個你淡忘了許久的父親，會不會回憶起有關父親的那些溫暖片斷。

你最初的記憶，或許會被一幅畫面喚醒——不諳世事的你，得意洋洋地騎在父親的肩上，雙手摟定他的脖子，宛如一個凱旋歸來的小小勇士，俯視著周圍的一切，那樣驕傲，那樣快樂。父親的肩膀寬寬的，父親的肩膀穩穩的，這是你乘坐過最穩妥的車。

還記得當時的風，是怎樣溫柔地拂過你的臉頰？還記得他的呼吸，是如何勻稱地響在你的耳邊？請一定不要忘記，是父親，第一個讓我們看到比遠方更遠的地方。

或許你還會想起，母親出門或生病的日子，父親笨手笨腳地為你做的那頓飯，儘管滋味實在不怎麼樣，但父親永遠不會垂頭喪氣。他的飯菜，可能少了鹽、少了油，但他爽朗的笑聲，會是你人生裏最有滋味的調料。

是父親教會我們從容地笑；教會我們，從容地品嘗人生宴席上的每一道酸甜苦辣。

你心底的最深處，一定還收藏著父親的背影吧。無論他是在田野裏揮汗如雨，還是在廠房裏專心工作，他英姿勃發的青春，都會嵌在你記憶的畫框裏，並常常在潛意識中，成為你挑戰命運的動力。

不管你是否承認，父親都是我們心靈裏最早的偶像。微微的晨曦做著底色，蒼茫的天地做著背景，父親用他最普通，也最特殊的方式，向你詮釋，流淌的歲月如何才會變成累累果實。

還記得父親的聲音嗎？溫存的時候可能很少，它有時會像凌厲

 飛倦了的黃昏，在茫茫海上，恰好有塊礁石可供歇腳，我深深感恩上天的眷顧。天亮時，才發覺，那原來是父親的肩膀。

的風，讓我們在瞬間清醒。容不得你猶豫，容不得你徘徊，他堅定地在你人生最關鍵的幾步，喊出正確的口令。那時，我們青春飛揚，意氣風發，剛剛學會叛逆，如何肯聽從口令行事。我們氣過；惱過；爭過，總是後來輪到自己做父親或母親了，才驚嘆於那位老人的清醒和智慧。

我們更多的時候與母親親暱，卻幾乎沒想起，父親也有一顆需要安撫的心。

過年時，我回家看望父母。在一個很冷的雪夜，我們全家圍爐而坐。姊姊拿出一疊雜誌給父親看，說上面刊登著我寫的文章。父親戴著老花鏡，鄭重地翻看著每篇文章。那些文字，有許多是寫給母親的，有關父親，幾乎一個字也沒有。

想到這裏，我微微地有些窘迫。父親沒有發覺，他喃喃地唸著，爐火閃動著紅紅的光，火光跳躍在他專注的臉龐上。他識字不多，逢到不認識的字就逐個問我，就這麼無比艱難地讀完了每一篇。我以為父親會誇讚我，沒想到，他懇切地對我說：「你從小身子就弱，寫字是件很勞神的事情，身體最重要。」

爐火由通紅到暗淡，外面的風停了。月亮不知什麼時候出來的，滿天的月光掬著雪光，把窗子洗得一片晶瑩。鄉村的夜很安靜，父親絮絮地說著，我轉過臉去撥火，淚卻落了下來。我一直認為，他的沉默是嫌我沒出息，我一直以為，他渴望有個值得炫耀的女兒。

父親的愛，要通過這樣曲折的方式，才能到達女兒的心底。我終於明白，父親的肩，是這世上離我最近的肩膀。

或者，你也有這樣一個父親；或許，你也在忙碌中淡忘了父親的背影。如果，你無意中看到這些文字，請你一定要稍稍停留一下，用一秒鐘的時間想想父親，想想遠方那個用一生的時光疼愛你，用半生歲月牽掛你的人。

飛倦了的黃昏，在茫茫海上，恰好有塊礁石可供歇腳，我深深感恩上天的眷顧。天亮時，才發覺，那原來是父親的肩膀。

菜蔬花開過是牡丹

我的故事

從小我就是個聽話的孩子，可唯獨不肯聽父親的話。

我家有片小小的菜園，桃花一落，就可以種菜。父親種菜時，照例叫我去把撒了種子的土窩踩平，可我鼓著嘴巴，瞪著眼睛，反倒刻意地將那些種子踢得亂飛。

綠芽剛冒出來，父親便囑我去轟麻雀，我偏不管，聽任牠們啄食。這群胃口奇佳的小食客，一落下來，就如橡皮擦般抹去一片綠色。好性子的父親，只能一次又一次，補種過那些空白處。

漸漸地，白菜蘿蔔聲勢浩大，像在演團體操；扁豆絲瓜如親友團，攀在牆頭助威，風一來就鼓掌；玉米黃豆隨遇而安，愜意地站在邊邊角角。淺綠一畦，深綠一畦，像煞了和和睦睦的一家人。可我與父親，仍舊僵持著。

這矛盾，是因菜蔬花而起。

我們澆園子的水，是天山上流下來的雪水，一路蜿蜒，捎來許多野花的種子。很快，園裏便開出大叢大叢奇豔的花，我還沒高興幾天，花便被父親摘掉了。我跳著腳大哭，他歉疚地對我解釋：「這些花太潑辣，與菜苗爭肥、爭水、爭陽光，連茄子、黃瓜都不愛開花了。」我不聽，扭著父親哭泣：「我不要菜蔬花，你把我的花賠給我！」

這樣的情形，年年都有，我對父親的怨氣，也越積越深。

父親愈寵愛他的菜園，我就愈要毀壞。他蹲下身子，指著蘿蔔對我說：「今年蘿蔔種子難買，種的不多，一定要等到秋天長好了才可以挖。」

本來，我是決不吃蘿蔔的，為了反對，立刻伸手拔出一個。味道還不錯，甜絲絲，水汪汪，沒有我想像中的辛辣。正吃著，又看見蕃茄開了幾朵小黃花，連忙伸手去摘，卻反被蜜蜂螫了一口。我的手腫成了包子，卻拒不讓父親塗藥。我認定，那蜜蜂也是同父親一夥的，同心協力只為保全那醜醜的菜蔬花。

父親說：「凡拴紅線的黃瓜都不能動，是留種子的。」那麼，不出幾天，那批身份顯赫的黃瓜，便做了我的零食。父親看見扔在地上的紅線，驚叫道：「黃瓜成精了！」我藏在密密的扁豆秧裏，吃吃暗笑。

父親說：「今年蕃茄長得好，那些大個兒的都能賣上好價錢！」話音未落，我就已經跑到園子裏，打量哪個最大，哪個最紅，好把它們通通吃掉。

那些玉米、青豆、茄子，也以燒烤的方式被我吃掉許多。因為要與父親鬥氣，任性的我，胃口忽然好到極點，連平時拒吃的雞蛋、羊肉和豬肝也搶著吃。當時，如果父親說門框不能吃，我也一定會設法削一塊下來嚐嚐。

直到有一次體檢，聽見那熟識的醫生感嘆道：「你終於成了個健康的孩子，這些年，你爸的心血總算沒白費！」

見我驚愕，她索性娓娓道來，我自幼體質就差，貧血、缺鈣，脾胃尤其虛弱，一到夏天便不肯吃飯。父親本來是個脾氣極躁的人，卻因我而變得耐心無比。見我事事與他作對，便有意處處「設局」，這樣地煞費苦心，也只是為了哄我多吃一口東西。

醫生說，她小時候自己對父親也有許多誤會，長大後才明白，其實，大多數父親就像家常的菜蔬花——花瓣細碎、顏色極淡，幾乎嗅不到香氣。但也是這樣不起眼的花，會結出飽滿豐壯的果實，用一種看似疏離卻又親密的方式，陪我們一餐一飯地長大。

一夜輾轉之後，我訥訥地向父親道歉。他卻出語驚人：「我還要謝謝你呢，是你給我機會，讓我這朵菜蔬花開得那麼風光，做個好爸爸，令我很享受！」

父親老了，我變得非常聽話。他叫我不要在電腦前久坐，我便每

開花的幸福，也許只有花才知道。
父親比我們想像中老得更快，如果可以，請護佑這個老人，不要讓寂寞恐嚇他，不要讓病痛欺負他。

隔一小時就起來活動；他說要多鍛煉，我出門時就儘量步行；他說要多吃蔬菜，我就變成愛吃蘿蔔、愛吃菜的小白兔。

為了獎勵我的聽話，每逢新鮮瓜菜上市時節，父親便像隻奮力銜食的鳥，坐五個小時的長途車，為節約計程車資，再走三十分鐘的路替我扛來。我咋舌道：「獎我一朵小紅花就行了，不用背這麼沉的東西吧？」他不聽，下次硬要拿得更多。

我對媽媽慨嘆：「父親越來越不聽話了。」

我帶他去買衣服，他只往路邊攤跑，我拉都拉不住。一次，我自作主張，去商場為他買衣服。他追問價錢，我警覺地將小數點往前挪了一位，他不信。隔兩三日，竟然被他打聽到實價，心痛得坐立不安，一直央求我拿去退掉。

再一次，我們去餐館吃飯，他執意點我愛吃的蔬菜，我偏要點他愛吃的手抓肉和鯰魚。服務員為難地絞著手，不知該聽誰的好，父親一揮手：「他是我女兒，聽我的！」我向服務員舉起錢包：「我是買單的，聽我的！」服務員拼命低頭掩嘴，旁邊的客人，也笑得前仰後合。

回來的路上，他一直絮絮不休：「只要你過得開心，我們做父母的吃什麼、穿什麼都無所謂！」我無限鬱悶地問：「做父母的吃得好，穿得好，我豈不是更開心嗎？」他呵呵一笑，無言對答。

父親的不聽話，一直在升級，我想給他的房間添台空調，他說太氣悶，還容易感冒；我請他去旅遊散散心，他說哪裡風景不一樣，何必花錢買罪受；我帶他去體檢，他更是拼命搖頭。

不由分說，我拉著他就上了車。進了醫院，做每項檢查，他必問人家多少錢，問完之後，便嘀嘀咕咕，磨磨蹭蹭。做超聲波時，他乾脆耍起了孩子脾氣，賴在過道的椅子上不起身。見我繃起臉，他急了：「這麼多年，你一個人在外面打拼容易嗎？我幫不了你也就罷了，怎麼忍心花你的錢！」

一時間，我胸口酸熱。深深吸口氣，挨著他坐下：「你曾說過，做個好爸爸很享受。你已經享受了幾十年，現在我已長大成人，天使輪流做，菜蔬花開過也該輪到牡丹開了，你不能搶掉我做好女兒的機會！」

父親看了我一會兒，尷尬地撓撓頭，服服貼貼地進了檢查室。

拿到檢測結果後，各項指標都正常，父親的身體真的很結實。他看著一大疊單子，竟然有些失望：「什麼病也沒查出來啊，可惜了那些檢查費，當初就應該聽我的！」

我挽著父親，走在熙熙攘攘的人流裏，情不自禁地微笑。他奇怪地問我：「你笑什麼？」我開心地答：「因為，我是一株至少還能開五十年的牡丹！」

落地的麥子不死

我的故事

在這節課結束前，原本是古詩詞測驗，學生們忽發奇想，要求換他們來出題考老師，我欣然應允。當背到「過春風十里，盡薺麥青」時，我一時興起，轉身板書。手忽然痙攣，粉筆跌成數段，腿也軟了一下。恰好鈴聲響起，我大笑，作逃跑狀：「你們嚇壞我了，下堂課絕不敢來了！」

誰料到，一語成讖，第二天，我就住進了醫院。一周後，開始依靠輪椅；兩周後，準備轉往省醫院。學生們圍在床前，再三審視那小小的病歷牌：「怎麼會得這種怪病？一定是誤診！」我嗤之以鼻：「誰屑得那些不起眼的小病！」護士幾乎笑到咳嗆：「人人都說你勇敢，我今天算是見著了！」

幸運就是——「無論命運如何捉弄你，總有一個懷抱等在那裏。」它比劫難快一秒；它比絕望搶先半拍，無論落在哪裏，都是落在那個穩妥的懷抱中。

不！不！他們沒人知道，言笑晏晏的我，被單下面藏著一瓶怯懦的安定。我讀大學時，鄰居伊莫爾曾得此病，一株白楊般俊朗的維吾爾少年，迅速化作一段枯藤，無法行走、無法吞嚥，連呼吸都靠機器。前年回家，再次相逢，昔日那神采飛揚的灌籃高手，終日靠雙拐行走。

這時，父親推門進來，常年的田間勞作，令他的膚色黝黑發亮。我對同學們嘻笑：「這是我老爸，不是從非洲來，是從吐魯番來，他會種麥子和葡萄。」同學們齊齊向老爸問好後，便趕去上晚自習。

一室空寂，老爸坐我對面，我仍然嘻皮笑臉：「你這農夫總守在病房裏，難道要醫生去給麥田澆水，讓護士去修剪葡萄藤？」

他靜靜看著我，看得我心裏突突直跳，莫非他發現了什麼？果然，他輕輕開口：「我今年六十五歲，知道生之艱辛，也曾數次想到過死。」

我呆了一呆，不知要說什麼。他指指被單，向我伸出手，溫和地說：「快給我，人都有難過的時候，可難過也要過！」羞惱交加的我，握住那個小小的藥瓶，忽然發作：「我定期捐款捐血、堅持健身；我深愛學生，努力工作，做人做事都未犯規，老天為何要懲罰我？」

他認真地想了一會兒，老老實實地回答：「我不知道，當初，我也是被突然罰下場。」

父親說，三十年前，就如我突然患病，他在一夜之間，莫名其妙成了右派。無休止的抄家、批鬥、遊街，讓他如入噩夢，多次欲以死抗爭。而我，就在此時出生，瘦小、虛弱、緊閉雙眼，連哭的力氣都沒有。看著襁褓裏的小小嬰兒，父親忽然決定要活下去，要把這個青麥粒般的小女兒，養得白白胖胖，能大聲哭，大聲笑。

難怪，我幼時的相片，張張都是圓滾滾的，且全是一副扎手舞腳的霸道相。抱著我的父親，瘦骨支離，卻笑得眉目生輝。養育我，他花了無數的心血。

我避開父親的目光，喃喃道：「我即使病癒，大概也無法教書了，可是我喜歡學生，不想離開講臺。」

父親問：「你忘了，我四十歲時，是誰鼓勵我轉行的？」

那年，父親工作了半輩子的麵粉廠突遭大火，一夜間燒作白地。那廢墟裏的一磚一瓦，皆由他這個元老領著眾人建成，是他安身立命的所在。就在他萬念俱灰，打算跳入火中時，聽見我的一聲歡呼：「爸爸不用再磨麵了，我們去種瓜吧，我最喜歡吃甜瓜了！」

那孩子氣的歡呼，竟叫轉了父親的心意。如果心中不曾絕望，絕路亦是一條路。

我們舉家遷往戈壁深處，在一個小村子裏落了戶。沒有種過地的父親，一切從頭開始。他悉心向人請教，下了比別人多十倍的苦功，終於種出清甜的哈密瓜，種出琥珀色的小麥。

我們以為，日子就會這樣安穩地過下去。春種瓜，夏收麥，秋日摘下葡萄晾在蔭房裏，冬夜守著火爐，什麼也不做，只聽雪簌簌打在窗戶上。

不料，父親禁不住勸誘，與人合夥做起生意，那人捲款遠逃，留下天文數字的債務。債主晝夜不散，父親一夜白頭，昏沉沉躺著，滴水粒米不進。暑假歸來的我，扶著母親，朗聲對滿屋人說：「請回去吧，我還有半年畢業，待我找到工作後，會掙錢還給你們！」

話音未落，父親已睜開眼睛，他舐舐乾裂的嘴唇，母親餵他喝了滿滿一杯熱茶。後來，他用了五年的努力，還清了每一筆帳務。而後，他們有十畝田，一所小院，一條狗。黃昏時，風從南來，暑氣漸消，父親擺上小飯桌，與母親一起吃著自己種的糧食和蔬菜。

我望著父親滄桑的臉，想對他豎起大拇指，手，卻不聽使喚。

我垂下頭，心中黯然。父親輕輕握住我的手，問我記不記得鄰居伊莫爾。我心一悸，背過臉去：「世上有太多劫難，這個人的今天即是我的明日，有什麼好講的呢？」

父親只管嘮嘮叨叨，講伊莫爾如何鍛煉，如何恢復，如何成了

幸運就是──「無論命運如何捉弄你，總有一個懷抱等在那裏。」它比劫難快一秒；它比絕望搶先半拍，無論落在哪裏，都是落在那個穩妥的懷抱中。

小鎮最出色的修鞋匠。我焦躁起來，拼力抽回手，含淚向他大吼道：「難道你要我也去街頭修鞋？」

父親不惱，他為我拭去淚，仍然慢聲細語地講下去。他說，去年冬天，伊莫爾要與心愛的姑娘舉行婚禮，婚宴上要用抓飯待客，他們一家人奔走數日，卻買不到做抓飯的胡蘿蔔。父親叫他來我家，挖開菜窖後，伊莫爾看到整整一窖鮮美的胡蘿蔔，簡直樂瘋了，他大叫一聲，就在菜田裏跳起舞來。

我漠然地看著父親，這一切，跟我又有什麼關係呢？

這時，一輩子沒跳過舞的父親，忽然起身，給我學伊漠爾架雙拐跳舞的樣子。在這狹小的病房裏，他面帶笑容，擺動肩膀。他小心地避開點滴架，避開電熱水壺，忽而俯身，忽而後仰。父親實在沒有跳舞天分，那個扭脖子的經典動作，他做得氣喘吁吁，似乎比種田還累。

我怔怔地看著父親的白髮，小時候那些場景忽然閃過。我感冒不肯吃藥時，他扮作豬八戒說：「猴哥，這可是太上老君的仙丹啊！」母親生病時，他為我梳小辮子，給我講故事；冬天上學時，他捲起褲腿，背我涉過凜冽的小河……

我忽然明白——今生今世，只要有這個最親的人在身旁，無論我遭逢什麼，都會握到他伸出的手。無論我從哪裡跌下，最終，都會落在他穩妥的懷抱裏，就像麥子落在土壤裏，永不會死。

我哽咽著，將那個秘藏的小瓶交了出來。他濕著眼睛，用青筋纏絡的手，輕撫我頭髮：「你一定要爭取端午出院，回家去吃媽媽包的粽子。」

我連連搖頭：「不！不！你忘了，家裏那隻大紅公雞好凶，動不動就撲到人懷裏搶吃的。」父親大怒：「我會用棍子敲斷牠腿，叫牠知道小孩子不可以欺侮！」

在父親眼裏，我永遠是一個小孩子，像麥粒那樣小的孩子。

醫生說，我的痊癒是個奇蹟。一切回歸平靜，上班、旅行、去買

幸運就是……「無論命運如何捉弄你，總有一個懷抱等在那裏。」它比劫難快一秒；它比絕望搶先半拍，無論落在哪裏，都是落在那個穩妥的懷抱中。

一張喜歡的碟片……就像什麼都沒發生過。只是我的內心，已由柔弱變得堅強，就像一粒青麥在陽光下變成金黃。

一如以往，我常常給父親寄零用，他最喜歡那種老式的匯款單子，上面所有內容都由我親筆填寫，還可撕下窄窄一條存根。

那片紙，於父親，可是結結實實幸福的憑證。

古麗古麗，別怕花開

古麗的故事

大學畢業那年，我在西北的一所鄉村小學當教師。好朋友在南方做導遊，常常寫信來，向我描述那裏的繁花佳木。好友常在信末召喚：「你也來吧，這裏真美啊！」

她的信，語言親切、隨和且生動有趣，逢到閱讀課，我會在班裏唸一封。孩子們熱烈鼓掌，並爭著要看信，唯有那個叫古麗的維吾爾女孩，會突然變得憂鬱。我猜想，她只是偶爾的不快樂吧。

朋友得知她的信如此受歡迎，開心至極，寫得愈發勤了。一封一封，鳥兒般蹁躚而至——櫻花如夢，梔子勝雪，桂花香濃……這些開在書信中的花朵，讓大漠中長大的孩子們如醉如癡。而古麗，卻將小小的頭轉向窗外，無聲地嘆息。後來，每到閱讀課，她必會遲到一會兒，等我讀完信才進教室。我越發詫異，問她原因，她不說，只是眼睛溼漉漉的。

後來，我向同事問起古麗的家境。同事說，古麗原來的語文老師姓張，曾去做過家訪。古麗剛出生時，母親即因難產而離世，當時，人人都為這女孩的命運嘆息。因為她父親是村人眼中的浪子，整天著了魔似地，只知道彈琴唱歌，而且到處拜師學藝，從不肯安心地在家裏放羊種地。

誰也沒想到，有了女兒之後，他會成為一個令人敬佩的父親。他收了心性，不再四處遊走。他用羊奶將古麗餵大，他學會了做飯，學會了縫補，他甚至能熟練地為古麗梳花樣繁多的小辮子。父親一心想讓古麗上大學，為了賺足學費，就去做了辛苦的貨車司機。而古麗亦很懂事，每天都會替父親準備好茶水和饢餅，她還常常在駕駛座旁插一枝花，說爸爸看著花便不會困乏。

這樣一個愛花的女孩，為什麼會害怕花開呢？

那天下課，遠遠地，就看見宿舍門前姹紫嫣紅。我還以為是自己改作業改花了眼，走近一看，我幾乎屏住呼吸——那麼多那麼美的野花，用青草攔腰紮成一大束，倚在門前，爛漫地向我笑。這些種類與顏色都極繁雜的花，應該來自草原，離這裏最近的烏爾沁草原，也有一百三十一公里！

同事們看見花從天降，喜笑顏開，每人搶一束回去，養在水杯裏。我卻在納悶，這是誰送的呢？

從此，幾乎隔幾天就有花悄悄出現。所有老師的案上，都有花兒在笑，它們在清水裏亦能明媚一周。

這片小小的綠洲，處在莽莽大漠中間，酷熱與風沙令許多老師中途告退，剩下的老師都是超負荷運轉。平時辦公室氣氛較悶，自從這小小花兒現身後，大家竟開始說笑起來。

到了深秋，花兒漸漸少了，裏面添加了大把比花還嬌豔的紅葉。天氣越來越冷，等到第一場雪落下時，連葉子也沒有了。因為大雪，道路不通，已很久沒有朋友的信。孩子們都有些失落，而古麗卻恢復了活潑，在活動課上，她主動給同學們教歌舞。

小老師邊示範邊講解：「這種歌舞的名字叫木卡姆，共有十二套，四百多年前，由一位叫阿曼尼莎的王妃，邀請民間樂師搜集整理出來的，木卡姆是維吾爾人的靈魂。」

看見我驚愕的表情，古麗俯在我耳邊驕傲地說：「我爸爸就是村裏木卡姆樂團的主唱，他們明年要去北京參加才藝大賽呢！」我恍然大悟，向她豎起拇指：「你們都很棒！」她忽然笑盈盈地問我：「老師，現在已經是冬天，南方的花兒總該開完了吧？」

我笑道：「南方冬天也開漂亮的花，像天堂鳥、素心梅、水仙……」我還未說完，古麗臉上的笑倏地不見了，深深的眼窩裏蓄滿淚水。我蹲下來，撫摩著她滿頭的小辮子：「告訴老師，你為什麼害怕花開？」她搖搖頭，跑開了。

雪，一場接一場地下，似乎永不會停。我因重感冒，跟音樂老師調了課。她笑道：「你挺得住嗎？咱們學校只要再走一個人，就真要解散了！」在回宿舍吃藥途中，我終於見到了那個神秘的送花人。他彎下高大的身子，正將一大捆沙棗枝放在我門前，蒼黑的樹枝上，綴滿一串串風乾的沙棗，累累垂垂，鮮紅灼目，在雪地裏有種奇異的美。

那中年人有些靦腆，說自己是古麗的父親。他告訴我，去年張老師走後，古麗難過了很長時間。直到我來之後，她才重新開心起來。只是，每當古麗聽我讀信時，都怕到要哭。

這敏感的女孩，唯恐我會在某個無法預知的早晨，奔向鮮花遍野的南方。這位木卡姆樂團的主唱，他能歌善舞，會打手鼓，會彈揚琴，卻不知道要怎樣替孩子留住老師。他無法把戈壁變成江南，也只能在開著顛簸的大貨車途經草原時，採一大束野花回來，虔誠地放在老師的門口。

忽然，不遠處傳來鳴笛聲，他歉疚地一笑，說同事在催，就匆匆跑了。我剛剛把沙棗枝抱進宿舍，古麗便衝了進來，她哽咽著問：「老師，你不給我們上課了？我早知道你要走！求求你，可不可以再等一年？」她滿臉淚水，「你不知道我爸爸有多喜歡木卡姆，他烤饢時在跳舞；他開車時在唱歌；他做夢都想去參加大賽。如果老師走了，學校停課，爸爸就要離開樂團，帶我去別處上學。」古麗抱住我，已是泣不成聲。

我終於明白，古麗為什麼害怕花開，她怕父親的夢想，會因我的離開而夭折。

窗外，上音樂課的孩子們，正在唱那首熟悉的老歌：「有多少小姑娘都叫古麗，我不知道哪個古麗就是你，為什麼你有一個花兒一樣的名字，是不是古麗都比鮮花美麗。」

在維吾爾語裏，古麗就是「鮮花」的意思。

我握住古麗冰涼的小手，溫和地說：「我只是感冒調了課，並不是要走。」她遲疑地看著我：「你不喜歡有花的南方嗎？」我笑道：

「我喜歡，可我更喜歡北方的古麗！」

古麗淚水漣漣的臉上，驀地閃出動人的笑：「等到春天，我會替你種海娜花，把你的指甲染成紅紅的；我會去沙漠上給你摘紅柳花；我會給你去偷鄰居家的石榴花。」她驀地掩住嘴，吃吃地笑。

牆角，那珊瑚豆子般的沙棗，似凝固了的時光，一粒粒嬌豔無比。從雪野裏的沙棗枝，到大漠上的紅柳花，從一顆心到另一顆心，愛的光芒，無處不在。

先在自己心裏種蘭花

喬爸的故事

好友參加親子活動歸來，感慨良多，極力勸我也去。我連呼工作太忙，難以分身。好友嘆道：「做父親也是人生最重要的工作，你就算是個陀螺，也該繞孩子轉一圈了！」這句話，忽然擊中我心中某一處，當即決定去報名。

◆用「心」愛孩子是不夠的

這個親子團的活動很豐富，內容也別具一格，有些遊戲極富挑戰性。令我詫異的是，女兒每次與我同組時，總是羞縮木訥、狀況百出。幾番失利後，小小的人，低眉垂淚，沮喪得無以復加。

一到與媽媽組隊時，她立刻歡呼雀躍，剎那間就成了升級版——

雙眸亮如晨星，小酒窩若隱若現，無論什麼項目都是超水準發揮。就算出局了，媽媽的一句耳語，也能讓她有風度地擁抱隊友，接著興致勃勃地在一旁當啦啦隊。

我不禁有些眼熱，半開玩笑地叫妻子快快傳授我親子魔法。妻子笑而不答，指指不遠處的女兒，她正和小朋友們在做「種樹遊戲」。妻子說：「你老說孩子膽小、內向、不愛說話，你知道她如何評價你嗎？」我大笑起來：「她才五歲，哪裡懂得評價人！」

妻子搖搖頭，拿出女兒畫的「全家福」。我一愣，這畫也太離譜了！媽媽倒還挺像，爸爸卻是威風凜凜的超人，穿著招牌式的紅披風，臉上沒有五官。女孩穿白裙子，小得可憐，只及爸爸的腳踝。

妻子看著不解的我：「孩子說，爸爸非常能幹，就像超人。我太小了，像麵包屑，爸爸的眼睛看不見我；爸爸的耳朵聽不到我；爸爸的鼻子也嗅不到我。」

驚訝，震撼，委屈，還有些說不清道不明的情緒，一瞬間全都湧上心頭。我禁不住低聲辯白：「我一直以為自己夠用心，出差為她買漂亮的衣服、生日給她買最新的玩具、假期帶她去旅遊⋯⋯」妻子溫和地說：「我曾跟你談過，僅僅用心愛孩子是不夠的，還要用眼睛、用耳朵、用你的全部去愛她，這就是魔法。」

我喃喃地問：「你何時說過，我怎麼沒印象？」妻子苦笑：「你心裏似長著荊棘般焦躁，大腦總是設置為工作狀態，耳朵有自動過濾功能。家人與你說話，要先輸入密碼，然後再反覆輸入驗證碼，都還不一定能通過。」

我手撫胸口：「請不要將我妖魔化！」

❖ 不及格的「超人」爸爸

這時，領隊吹起集合哨，要求家長與孩子共同完成一份問卷。別人都開始答題了，女兒兩隻手濕淋淋地，急急跑過來。她剛想說什麼，我知道她語速慢，便揮手阻止：「快過來，先做題！」我迅速讀題目：「你跟孩子說話時，是否會看著他的眼睛？孩子講話時，你能否專注去聽？」

我的聲音倏地一沉，在馬不停蹄的打拼中，我有多久沒有好好跟女兒說過話了？多少次，當她推開書房門時，我雙眼緊盯電腦螢幕，十指在鍵盤上翻飛，口中漫不經心地回應：「有事去跟媽媽講！乖，別打擾爸爸！」多少次，在辦公室接到孩子的電話，我千篇一律地敷衍：「爸爸正忙，等會打給你。」

這種冷落，是那種毛刺吧，細細密密，一紮入手心，就難覓蹤跡，卻會痛很久。我愧疚地，在題目後面依次打叉。

下一題：「你對孩子說過『討厭！』、『真笨！』、『走開！』嗎？」女兒輕輕提示：「爸爸前天才說過哦！」我的臉一下子紅了。那天，正吃晚飯，忽然接到客戶的電話，便趕著出門。女兒舉著筷子奮力追過來：「爸爸還沒吃魚呢！」她腳下一滑，那塊油亮的紅燒魚，就結結實實地吻上我筆挺的西裝，我的臉頓時掛下來，吼了一聲：「走開！不許搗亂！」

這樣的狂怒，是尖利的刺吧，突兀地紮下去，直入心底，痛不可當。我滿懷歉意地看著女兒，想說什麼卻說不出，只能默默在題後打了個勾。

就這樣，一路答下來，我的汗，涔涔而下。我一遍遍問自己：「你到底是父親還是刺蝟，你真的有那麼忙嗎？竟讓女兒以為你是超人，以為她自己是粒卑微的麵包屑。」

交了卷，妻子拉我去看孩子們栽的樹。她指著那三個小樹枝笑道：「女兒說，它們是樹爸爸、樹媽媽和樹女兒，別的小朋友培完土就走了，她怕樹會渴，就捧水來澆，所以集合時遲了。」

什麼東西在我心頭溫柔地一撞，我蹲下來，凝視著女兒的眼睛：「謝謝你，也給樹爸爸澆水。」她愣了一下，才說：「不用謝，電影裏說，超人有時也會渴。」

我給她荊棘，她還我甘泉，這個善良而寬容的孩子啊！

妻子柔聲道：「在公司裏可以做鋼鐵超人，但回家後要做棉布老爸。客戶是上帝，能助你建事業的方舟；孩子是天使，能引你進快樂的城堡。」

❖我要在心裏種蘭花

我對家人說：「從現在起，我要拔掉心裏的刺，種一片鮮花。」女兒在我肚子上畫圈：「在這裏種牽牛花！」妻子撓撓我的後背：「在這裏種蒲公英！」我癢得躺在地板上大笑：「不，我要種蘭花！」

妻子教我，要學會以欣賞的目光看孩子。於是，我看到女兒的小手為我拿來拖鞋，那半舊的拖鞋，就有了一分貼心的柔軟；女兒在鏡子前輪流繫那些髮帶，大紅、柔紫、金黃、淡粉，各色陽光在她髮間靜靜凝固。我的心，似有暖風吹拂。

我的鼻子也變得靈敏，女兒將丁香落瓣，放進透明的玻璃杯裏，有彌久不散的香；她把糖紙貼在頰上，自己也變作一粒水果糖；我抱她在膝上玩耍，她手心有嬰兒護膚霜淡淡的甜。而我的心，像有花苞鼓起。

我的耳朵開通了全部功能。聽，女兒坐在陽臺的搖椅上唱：「紅鳳凰……粉鳳凰……」她隔著門叫我：「爸爸不要再輻射電腦了！」如今，她有無數奇怪的問題問我，而我，有一顆恒久溫柔的心。

那天，我丟了車鑰匙，又急又氣。女兒跑到車門前，一遍遍喊：「芝麻開門！可樂開門！海綿寶寶開門！」這些稀奇古怪的咒語，奇妙地驅散了當下鬱悶。我大笑著，跟她一起喊。

就這樣，我的心漸漸芬芳，那芬芳，暈染了所有的日子。我終於明白，先在自己心裏種蘭花，才能看見滄海月明；才能感知藍田日暖，才能聽見大珠小珠落玉盤；才能嗅見孩子心裏的花香。

緊接著，失眠、牙痛、口腔潰瘍，這些反覆糾纏我的小毛病，居然不聲不響地下線了。同事也說我在改變，有了成熟男人的幽默與親和力，不像從前，整日目光凜然，直把格子間當成古羅馬競技場。

我的辦公桌上，壓著女兒新畫的全家福——三張笑嘻嘻的臉，挨得很近，有一種觸手可及的溫暖。

◆隨時播種　隨時開花

幾場風雨，淡了花香，濃了綠蔭，鳥兒唱得人心柔若宣紙。我給好友打電話道謝，謝他推薦的那次親子活動。好友一愣：「什麼活動？」聽著我的解釋，他笑起來：「我根本沒去過，那是你妻子託我勸你的！」

我一下怔住，良久，才發動車子。扭開調頻廣播，裏面正播一段配樂散文：「愛在左，情在右，走在生命路的兩旁，隨時播種，隨時開花，將這一徑長途，點綴得香花彌漫，使穿枝拂葉的行人，踏著荊棘，不覺得苦，有淚可流，卻不是悲涼。」

我調轉車頭，開向花市。那裏，滿目的姹紫嫣紅，連呼吸裏都是花香。我抱了滿懷的鮮花回家，雪白的鈴蘭送女兒，紫色的蝴蝶蘭送妻子，那倆個親愛的人啊，就是種在我生命之路上的蘭花。

兄弟姐妹，多麼凡俗而熱鬧的稱呼。
晚歸有人記掛；躺在病床上有人與醫生交涉；
遇見苦惱有人鼎力相助……
簡直就像擁有金鐘罩和鐵布衫，
有足夠的底氣與風雨抗衡。

手足
的腳步

為愛奔跑

❖弟弟說：「你應該叫我哥哥！」

弟弟小我三分鐘，出生沒多久，他就被爺爺奶奶帶回蘇州撫養，直到十三歲才回來，那時我正奄奄一息地躺在病床上。捱到了五歲，醫生勸解著媽媽：「這孩子生下來就弱，還盡得些難醫的怪病，能活多久是她自己的命，你也不必太難過。」話甫落，弟弟惡作劇地抽走了醫生的椅子，害他摔飛了眼鏡。

醫生的話讓父母愈發心酸，有好吃好玩的一定先給長公主。自太上皇處歸來的太子哪裡肯依，他隨時會突然搶走我的東西，做著鬼臉邊跑邊喊：「來呀，追我呀，追不上你就得叫我哥哥！」我便掙扎著要打他，鬧得久了，爸媽決定把他送回蘇州，他涕淚交流地保證不再犯。

聽說桔梗可治我的咳嗽，他甚至去野地挖來很多，一一栽在花盆裏，但他沒過兩天就原形畢露，改在上學和放學的路上向我挑釁。

那天，我選了條僻靜的小道回家，只為躲開那個如影隨形的討厭鬼，忽然，一隻瘋狗狂吠著衝過來，我沒了命地跑，那隻狗卻緊追不捨，彷彿要把我逐出地球。忽然聽到弟弟的一聲大叫：「姊姊，別怕！」他一棍子抽過去，瘋狗哀嚎著逃之夭夭，他揪著我歇斯底里地狂吼：「誰叫你不同我一起走，讓瘋狗咬死你才好呢！」我冷冷地看著他，心裏的感激蕩然無存，覺得他比那條狗更可惡。

很快地，這條瘋狗又加緊了對我的追殺，他出色的成績令我顏面掃地，從前人人認為我弱不禁風，成績壞是天經地義。而現在他常瞥著我的試卷說：「你應該叫我哥哥！」我的血一下子湧上頭頂，只有拼了命地學習，連在夢裏都衝自己喊：「要是追不上這條瘋狗，你就別活了！」

父母常常嘆氣，兩個孩子分開太久，擔心沒有姊弟感情，唯一讓他們頗感欣慰的是，我的身體慢慢好起來，學習也一天天趕上來。醫生也寬慰地說：「這樣已經是最好了，將來如果能嫁出去就更好了。」

有時，我身心俱疲，真是不想追了，但只見那條瘋狗唯妙唯肖地學著醫生的腔調，百般嘲笑我。他有寫日記的習慣，寫著，寫著，常會抬頭看看我，眼裏似笑非笑，我知道他大概又在日記中奚落我了。疲憊的我一次次被激怒，一次次投入戰鬥。那時我常想，如果沒有弟弟，生活應該像桔梗花一樣美吧。

❖弟弟說：「你一生也追不上我！」

高考結束，弟弟與我同城就讀大學，種種廝殺，不說也罷。畢業後，我們各奔南北，我合掌慶幸，姊弟間的殺戮終可落幕。

沒容得我喘息，他又挑起了二次大戰。在南方，他如一條魚游進大海，他做了記者，他娶了一位教授的女兒，名信片和彩色照片從各個城市飛來，他英姿勃發的笑容桔梗花般開滿家中相冊。一向沉穩的父母瞬間變作說書人，口才非凡，逢人就炫耀家有龍子，而我幾乎被父母遺忘。

春節回家，弟弟愈發神采飛揚，且不說那些給三姑六姨的稀罕禮物，就說那位眉目楚楚的弟媳吧，叫人看不夠、歎不夠地愛。

他口若懸河地說著各個城市的奇聞趣事；他瀟瀟灑灑地發壓歲錢，我拿什麼和他比呢？我只是這個普通城市的一個老師，當他泡在眾人的喝彩聲時，我繫著圍裙在狹小的廚房裏洗煮燒煎，好在懂事的弟媳一直陪著我，姊姊長、姊姊短親熱地叫個不停。

弟弟送給我的禮物是一台跑步機，他興致勃勃地替我安裝在陽臺上，接著粗聲大氣地唸著發票上的數目，要求爸媽監督我每天至少跑一小時，以便物有所值，兩位老人鄭重其事地連聲答應，敏感的弟媳注意到了我的不屑。

他出書了；他獲獎了，這些消息極大地刺激了我，他彷彿在向我宣佈——你一生也追不上我。

我們是雙胞胎，出生時我尚比他快三分鐘，憑什麼他事事佔先，我就不信他比我強在哪裡。我拿起久已擱置的筆，居然也在報刊雜誌遍地開花，在小城獲得頗高知名度，父親在酒桌上開始將我和弟弟相提並論。我對弟弟的厭惡慢慢轉淡，不過，就在我的婚禮上，他又一次激怒了我。

那天客人很多，匆匆趕來的弟弟送上了一台筆記型電腦，這份賀禮贏得滿堂喝彩。酒過三巡，他借著酒勁把新郎扯到大廳中央，非要和姊夫比試摔角。半醉的客人大聲起哄，溫柔的弟媳根本勸不住，看熱鬧的擠得水泄不通。

兩個臉紅脖子粗的大漢，活像江湖賣藝的活寶。最丟人現眼的是，姊夫竟被小舅子摔得暈頭轉向，周圍哄笑聲雷鳴般響起。我狼狽地閉上眼睛，這條瘋狗已進化成瘋狼，我永遠不會原諒他。

直到他們離開，我再沒看弟弟一眼，聰明的弟媳欲言又止。後來，她悄悄打電話給我，要我去讀弟弟的部落格日記，我拒絕了。如果有顆牙齒不斷地咬到舌頭，我不會研究它，只會選擇拔了它。

❖ 弟弟說：「為愛奔跑是幸福的！」

無論我如何假裝高度的弱視重聽，弟弟那裏仍是捷報頻傳，他棄文從商了；他開公司了，成了年輕企業家。爸媽越來越精神，整日笑呵呵，看上去年輕好多，而我不發一言，仿佛從來都不認得那個春風得意的人。

後來，負面消息出現了，說他居然離婚了，只為迎娶一個商界美女。父母日夜嘆息，說實話，連我也對弟媳心有不捨。通電話時，弟媳那麼一個有涵養的人，竟破口大罵負心賊，積怨已深的我立刻加入。她嘆道：「你為什麼不看他的日記呢？誰都可以罵他，唯獨你不能。」我想，憑他累累罪行，我已有滅了他的資格。

自進了臘月，媽媽就開始不停叨唸，說弟弟已經很久沒有消息，我說不是出國了嗎，興許早忘了家鄉是何處。淩晨三點，我意外地被電話吵醒，居然是弟弟打來的，他聲音沙啞，還伴著不停的咳嗽，他說，終於遭到了傳說中的報應，他被那女人騙得兩手空空，一身重病。

他跟我說，這些年遠離親人的孤單和艱辛，講那些鮮為人知的失敗。我哪裡想得到，那個意氣風發的弟弟賣過盒飯、推銷過保險，曾被上司指著鼻子在眾人面前大罵。現在，在情緒最低落的時候，他染上了肝病。弟弟的痛苦如一根刺穿透了我的心，我勸他回來，他答應了。

我悄悄地為他準備給眾位親友的禮物；為他熬排骨冬瓜湯，給他包餃子；囑咐他吃藥，他很聽話，做姊姊原來如此幸福。弟弟仍然寫日記，不過是在電腦上。有時他會抬頭看著我笑，恍如少年時光重播——我們在飯桌上寫作業，然後爭吵、追逐、哭泣。那些往事的背景是一盆盆深紫的桔梗花，我不禁微笑。

經過這一段時日的養息，弟弟看上去精神飽滿，宛然若新。我忽然想起那個部落格，登錄後不禁愣住，大片大片的桔梗花撲面而來，彷彿又回到十三歲。

點開老照片欄目，少年時光急急地一路盛開。在那些姊弟合影裏，弟弟樂呵呵，我卻總是扭頭撅嘴。一頁頁翻閱他的日記，才明白當年弟媳的良苦用心，才明白當初她為何不許我罵弟弟。

原來，我們這對雙胞胎先天不足，所以才分開來養。爺爺是個經驗豐富的老醫生，他見用藥效果不明顯，乾脆領來了健壯活潑的表哥，要他在戲耍時儘量「欺負」弟弟，使他多多活動。

每日的爭搶追逐，竟使病弱的弟弟一日日健壯起來，連性格也變得剛強，兩人直到臨別才解開疙瘩。因此，弟弟第一眼看見病床上的我，就決定要仿效表哥為我奔跑，這一跑，就是二十年。

透過開滿桔梗花的部落格，我終於看清，數十年來弟弟與我苦戰的真正原因。當年他痛恨那個醫生給我下的結論，所以故意害他跌跤；因為痛心險些失去我，才在打跑瘋狗後厲聲喝斥；憤怒於醫生說我嫁不出去，才激我日日苦讀；為繼續照顧我，因此報考與我同城的大學；在我的婚禮上給姊夫一個下馬威，居然是擔心他以後欺負我。

我忍不住笑起來，笑過後又想哭，當初那些令我永生難忘的傷害，一點一滴居然全都是愛，這也許就是親人吧。

我驚訝地發現，弟弟的部落格裡居然收錄著我所有的文章，甚至包括我年少時發表的一篇習作。我的心，酸甜酸甜，二十年來，他一直在用心地愛著我。

部落格裏寫著——「為愛奔跑是幸福的。」

弟弟，我不會再抱怨工作太瑣碎、感冒太纏人、孩子太調皮，我也會堅強地奔跑，為自己，也為親人。

從今以後，我每天都會提醒自己，我是世上最幸福的人。

天使替代我一生

青兒的故事

十二歲那年的春天，我瘋了一樣揮舞著掃帚追打弟弟，鬧得滿院子雞飛狗跳，驚駭的媽媽怎麼也攔不住，連滾帶爬的弟弟拖著哭腔喊：「別打我，別打我，是花花讓我這麼說的，她給了我一個蘋果！」

花花用一個蘋果，就輕易地奪走了我的夢想。

花花是我的小姑，只比我大七天，在我們村裏，婆婆和媳婦一起坐月子並不稀奇。爺爺奶奶很早就去世了，她是在我們家長大的，我和弟弟有時叫她小姑，有時叫她「花花」，不管叫什麼，她都親親熱熱地答應。

就是剛剛發生的事，一對神氣的夫婦坐著車子來到我家的破窯洞，媽媽悄悄告訴我，他們是城裏的有錢人，想收養一個女兒，難怪花花今天起得那麼早，像要過年似的把裏裏外外都打掃了一遍。

小姑像一朵瘦弱的小花，默默地躲在我身後，她從來不肯同我或弟弟爭任何東西。

那個中年婦人慈愛地拉著我的手說：「我看這孩子不錯，兩隻眼睛透著機靈，是個讀書的好材料，長得也乖巧，我們就把這個領走吧！」同行男人也滿意地點點頭，媽媽卻擦起了眼淚。

我像做夢一樣，興奮得差點咯咯笑出聲來，能到城裏去讀書該多好啊，再也不用住陰暗潮濕的窯洞，不用吃難以下嚥的糜子麵，不用哭著向媽媽磨學費了。

這時，弟弟突然指著我說：「她老打我，還跟我搶東西吃，花花比她好！」一向膽小羞怯的小姑突然把我推到身後，指著裂縫斑斑的牆壁大聲說：「那些獎狀都是我的！」不知為什麼，連平時偏疼我的媽媽，也幫著小姑說話，說她能吃苦，又老實懂事。我委屈得大哭起來，那婦人頓時鬆開了我的手。

小姑坐著那輛銀閃閃的車消失在村頭，留下我在窯洞裏哭得上氣不接下氣，我無力地坐在門檻上，心裏有個惡毒的念頭：「那兩個人如果是人販子就好了！」

小姑很幸運，她不再是那個怯弱的山裏女孩花花，她現在是大城市裏的女學生。她的養父母聽花花說了我家的艱難之後，很慷慨地答應負擔我和弟弟的學費。

小姑經常給我寄複習資料，書裏夾著信和照片，她坐在富麗堂皇的屋子裏，穿著漂亮的衣裙歪著頭笑。她說養父母對她非常好，說那裏的學校像皇宮一樣漂亮，她還說：「青兒，對不起。」

爸媽不識字，讀信的時候，我壓抑著深深的怨憤。小姑好友亞亞在一旁羨慕地說：「花花真好命！」差點讓我的淚決堤而出。

那天晚上，我偷偷拿了媽媽藏在牆縫裏的五角錢，撥了通小姑的電話，是那個婦人接的，我謊稱是小姑的同學，說花花經常給家裏人寫信，說你們對她不好，現在後悔得要命！說完匆匆掛上電話回家。

不一會兒，媽媽就被叫去接電話，回來氣得胸口痛，說小姑不聽話，人家不想要她了，她把小姑痛罵了一頓。聽著媽媽的哭訴，我無動於衷。

小姑仍然隔幾天就有信來，我從沒有認真看過，大部分連拆也不拆，就直接塞在炕席底下。每個學期的學費都會準時寄到，起初爸媽還讓我寫信道謝，我推說寫過了，後來一家人也就習以為常了。有次小姑打電話來問我怎麼從不回信，我推說學習忙沒時間，她放心地笑了。

上高二那年，父親生病需要開刀，所有能借錢的地方都借了，手術費還是湊不夠，最後只好給小姑寫信，錢很快寄來了。病中的父親堅決讓我退學，無比憤怒的我寫了封信，小姑很快又寄了錢來，信中告訴我她在上班，工作輕鬆，工資很高，還寄來一張她在辦公室拍的照片，仍然是花兒一樣明媚的笑臉。我恨恨地撕碎了那張照片，她卑鄙地奪走了原本屬於我的一切，害我陷在苦難之中，現在卻成了高尚的施捨者。

父親出院後身體仍然很虛弱，在家裏躺了近一年，欠了一大筆債。他想承包村裏的磚廠，讓我寫信問小姑要錢，這一次拖了兩個月才寄來。看著父母歡天喜地的樣子，我不屑地說：「如果是我，早就給你寄來了。」

母親訕訕地說：「當年我實在捨不得你啊，怕人家待你不好。」

我和弟弟已經習慣向小姑要錢，上大學的所有費用都向她要，我的心冰冷如鐵，滿心只有這樣的念頭：「拿了我的給我送回來；吃了我的給我吐出來；欠了我的給我補回來；偷了我的給我交出來！」

花花還是習慣給我寫信，我仍然是直接往床底下塞。寫信要錢的時候，才看看信封上的地址，她的地址總在變，她說她經常出差，每到一處都會寫信來，我想大概是在炫耀吧。

後來，父親的磚廠越做越紅火，我和弟弟各自有了一份不錯的工作，全家搬進了城裏，住著很大的房子，開著自己的車，過著讓周圍人羨慕的生活。

幸福很容易讓人變得懶散，也最容易讓人忘記舊事，沒有人提起那個十二歲就離開家的女孩，那朵小小的花兒，已經淡出了全家人的記憶。

如果不是偶遇亞亞，也許我今生都不會再想起她。

亞亞嘖嘖連聲地參觀著我的家，她的稱讚徹底滿足了我的虛榮心，便請她去吃午飯。她豪爽地喝了很多紅酒，拉著我的手感慨道：「你的命真好，不像花花。」我漫不經心地問：「哪個花花？」，她說：「就是你小姑啊！」

亞亞斷斷續續地告訴我花花的故事——她只過了三年的好日子，養父就因為受賄罪被判刑二十年，養母又中風癱瘓，她拖著養母到處打工治病。

「你騙我！」我指著亞亞笑著。亞亞大喊：「我沒有，是花花一直在騙你們！前些年，我堂哥在山西打工親眼看見，她像男人一樣在工地上推磚、下小煤窯背煤，什麼活都幹。去年村子裏的人到新疆撿棉花也看見她了，她還求這些人對你們保密呢，說怕家裏人知道會不放心。」

我的頭痛得要炸開，鮮紅的酒潑灑了一桌子，順著雪白的桌布往下流，淋淋漓漓，都是驚心動魄的淚。我不知道是怎麼離開餐廳的，我只知道我打了很多電話，給亞亞的堂哥，給村子裏所有去過新疆的女人，他們都證實了亞亞的話。但卻沒有一個人能夠告訴我，花花現在在哪裡。

亞亞的堂哥說，打工的人，哪有什麼固定的地方，再說她要帶養母看病，更是漂泊不定。

頓了頓，他又嘆息：「一起背煤的時候，我們相處得很好，本來是想娶她的，可是她拖著個癱老太太，我不敢，我們都太窮了。」

撿棉花的女人說：「我們都問她當年為何要跟侄女搶，到頭來遭了這麼大的罪。她說，青兒小，怕被人販子賣了，所以搶著去了，幸好沒讓青兒去啊！」

我不敢想像，當我們一次又一次，向這個災難重重的女孩求助的時候，她有一副什麼樣的肩膀，有一種怎麼樣的意志，才能扛得起這種艱辛的日子，平靜地寄錢，然後寫信向我們虛構她的幸福生活。

當我們不再向她要錢的時候，沒有人想起給她寫一封信，哪怕只說一句話，哪怕只留下一個位址或者電話。

我問亞亞：「花花沒有寫信到村裏嗎，郵局的信不是都送到你們家嗎？我現在就跟你去找，求求你陪我回去。」

亞亞低下頭：「你別怪我，她是寫了很多信。但是你們家搬到那麼遠的城裏，怎麼給你捎，何況你們從來不看她的信。去年冬天，我二叔賣耗子藥，問我找廢紙片包藥，我全給了他了，有一大籮呢！不過，這半年一封也沒收到過。」

我衝進地下室，開始瘋狂搜尋大學時代的東西，那些顏色豔麗的卡片倒是找到了幾盒，但就是找不到小姑寫的那些信，一封也沒有。我又撲到廣場找著媽媽，劈頭問那些從鄉下帶來的東西，正在聽秦腔的媽媽淡淡地說，早被你爸扔了。

一些久已模糊的畫面忽然在腦子裏清晰起來——放寒假，我從學校回來，看見金閃閃的陽光底下，滿院子的紙飛機起起落落，弟弟和一幫小夥伴玩得正歡。我以為他們撕了我的練習本，急急撿起一只打開，原來是小姑的信，輕輕舒了口氣，又飛還給那些孩子。

下過一場大雨，做飯的時候，生火的柴很潮濕，我大把大把地胡亂塞進灶膛裏，用來做引火紙的，不也正是小姑寫的那些信嗎？

爸爸隨手拿來捲旱煙，媽媽隨手用來剪鞋樣子，不都是那一封一封的家書嗎？

還有，大學畢業時，我瀟瀟灑灑大疊大疊地扔進垃圾袋裏，不都是尚未拆封、位址各異的信嗎？

我還要到哪裡去找小姑的信，我又怎麼配讀小姑的信！

我茫然地站在街頭，看著來來往往的人流。那個為著對我的疼愛，有勇氣跟著陌生人去遠方的小姑；那個悄無聲息地代我承擔一切厄運的小姑；那個寫了數不盡的家書卻等不到回音的小姑；那朵柔弱，卻是最美的花兒，如今飄零到什麼地方去了？

「阿姨，你在找什麼，你為什麼哭？」一個小小的孩子站在我面前，黑白分明的眼睛看著我，那是清水一樣柔和的目光，我卻覺得它像子彈一般，呼嘯著穿過了我的靈魂。

我是你的哆啦A夢

無憂和無慮的故事

❖爸爸婚禮上的甜點

流火的七月天，無憂和無慮一起去參加爸爸的婚禮。上甜點時，弟弟無慮為難了，他們兩個都怕甜食，但是那黃色蛋糕上晶瑩的楊桃丁，卻是姊姊無憂的最愛。

無慮咬咬牙，拈起一塊蛋糕，楊桃，剔給姊姊，蛋糕，自己微笑勉強著嚥下去。十四歲男孩的喉嚨處在兩難之中，大腦命他放行，而腸胃卻在咆哮，無慮狼狽地咳嗆起來。

姊姊剛想阻止，新郎新娘來敬酒了。爸爸驚詫道：「無慮吃甜食了！」小時候，是餓死也不肯吃的呀。過生日，去蛋糕店問人家，有沒有麻辣味的生日蛋糕，滿桌哄笑，無憂和無慮，舉起果汁，祝福，笑。

幼時，我們爭零食、爭玩具、爭父母的懷抱，在無數次或輸或贏的「戰爭」中，漸漸長大成人。如今，我們相親、相愛，成為彼此的哆啦A夢。

新娘丁阿姨笑道：「愛吃甜食的人有福氣，以後想吃了，就來我家，我做給你吃。」無慮連連點頭，表示感謝。誰也沒有發現，那盤蛋糕被撤下時，上面的楊桃通通不見了。無憂貪婪地一口吞掉了盤子裏所有的楊桃。姐弟倆，忍不住得意地對笑。

旁邊的一位阿姨，滿心疑惑地看著他們，心想這兩個孩子，怎麼還笑得出來？阿姨是他們的親戚，知道他們的媽媽患病多年，至今還離不開輪椅，知道無憂無慮才上初中。她替這一家人犯愁，以後怎麼過呢？

而無憂無慮，他們不負責向全世界解釋自己快樂的原因，他們只管開心自己的。

十二年前，無慮出生的前一周。無憂被擱在一個小小的竹籃裏，掛在弟弟家的門把手上。爸爸捧來讓媽媽看，襁褓裏，兩朵粉嫩的小眼睛，眨呀眨的。嘴唇一挨著媽媽的手指，就去吮，吮得媽媽的心，像化了的霜淇淋。攬她入懷，再不肯鬆手，從此無慮有了姊姊。

姊姊快樂地眨著眼睛，小聲說：「無慮，你是我的哆啦A夢。」無慮皺起鼻子，撮著嘴唇，做個鬼臉：「無憂，你也是我的哆啦A夢。」姊弟倆乾杯，又笑。

阿姨從來不看卡通片，她不知道有個「哆啦A夢」，有個神奇的百寶袋，可以幫助人實現任何願望。她只是覺得，這兩個孩子，還在做夢呢，夢醒了，就會嚎啕大哭的。她準備了很多的眼淚，打算陪他們哭。她堅信，今天用不到，以後總會用得著的。這是一個善良的、富有同情心的阿姨。只是，悲觀的她，猜錯了故事的結局。

❖ 煩惱裏藏著的歡喜

爸爸經常來看無憂無慮，並及時送來生活費。做醫生的丁阿姨，給媽媽制定了很好的治療方案，媽媽開始慢慢恢復。他們不像別的離婚家庭，綠著眼珠，恨不得咬死對方，再咬死自己，他們很友好。

近幾個月來，爸爸的傢俱店很不景氣，為幫助他度過難關，媽

幼時，我們爭零食、爭玩具、爭父母的懷抱，在無數次或輸或贏的「戰爭」中，漸漸長大成人。如今，我們相親、相愛，成為彼此的哆啦A夢。

媽跟孩子們商量，搬出了現在的屋子，另租了一套小房子。搬家的時候，爸爸有些抑鬱，媽媽卻很歡喜。

她說：「這裏多麼好，樓下有桃杏樹，開起花來好看，結起果子來也好看。尤其是現在，秋葉黃透了，多養眼。」

搬來的第一個晚上，他們誰也沒睡著。這棟樓，緊挨著一個機場。白天黑夜，時不時有飛機從窗外呼嘯而過。無憂無慮一家人現在明白，房租為什麼那麼低了。

為此，無憂無慮鬱悶得無以復加，媽媽說：「你們不是一直想開飛機嗎？想像自己是駕駛員就好了。」姊弟倆笑起來，果然就不覺得吵了。

剛習慣了飛機，又遇見了小小金嗓子。對門的孩子，像有特異功能似地，他們一入睡，就扯著嗓子，狂飆海豚音，直哭得山搖地動、日月無光，無憂無慮整夜睜著眼睛，被迫成為忠心的歌迷。

中午放學，他們打算補一覺。誰知，樓上卻傳來踩縫紉機的喀喀聲。仿佛被一把電動加特林機槍，頂住了額頭，雖無性命之憂，可睡意都支離破碎，一家人，面面相覷。

從前，姊弟倆回來，姊姊會來幾個芭蕾動作，而弟弟呢，會一路表演驚險武打。現在不行了，無憂一個旋轉，茶几角就熱切地迎上膝蓋，一下子，天鵝處於垂死狀態。而無慮大俠的一個跳躍，冰箱門就親密地觸上額頭，急急後退，「砰」一聲，胳膊肘又與南牆相遇，酸酸麻麻。如果想來個灌籃動作，那就更慘了，劈哩叭啦、乒乒乓乓，怒吼聲四起。

痛過幾次之後，無憂無慮迅速學會掐著小碎步走路。姊姊笑弟弟，一介武生變成了大家閨秀；弟弟笑姊姊，天鵝公主變作了躡手躡腳的入室小賊。

一天，出門去接媽媽的時候，無憂無慮遇見了對門的金嗓子。才知道，那小小女孩，得了眼疾，痛又說不出來，只好拼命哭。晚上再被哭醒時，無憂會睜開眼睛，默默為她祈禱。無慮也會在心裏說：

 幼時，我們爭零食、爭玩具、爭父母的懷抱，在無數次或輸或贏的「戰爭」中，漸漸長大成人。如今，我們相親、相愛、成為彼此的哆啦A夢。

「小妹妹，哭吧哭吧，如果能痛得輕些，你就再哭響些吧，我們一點也不怕吵，真的。」

媽媽也告訴他們，樓上那個踏縫紉機的大媽，丈夫病故，獨自撫養兩個上高中的兒子。那台縫紉機，養活了他們全家。因此，喀喀聲再響起的時候，無憂無慮的心裏滿是敬意。

冬天，沒有預約就來了。很快地，無憂無慮發現，這棟樓的供暖很差，這是一棟老樓，暖氣管線很細，改裝需要很多錢。

媽媽有的是辦法，孩子愛吃辣椒，媽媽就給他們做麻辣火鍋。滿鍋鋪著鮮豔的水彩，翠生生的油菜、粉嫩嫩的豆腐、鮮亮的辣椒絲，在湯裏咕咕嚕嚕地翻滾，屋裏是濃濃的暖與香。無憂無慮吃得鼻尖冒汗，全身都暖和起來。

爸爸和丁阿姨送來了一台電暖氣，大家一致決定，抬到媽媽的臥室裏。

無憂無慮臥室的窗簾都是藍色的，那樣冷的色調，如結冰的湖，天鵝也能凍得瑟瑟發抖。姊姊拿來一大罐顏料，和弟弟一起卸下窗簾。他們在上面畫一朵一朵的油菜花，金黃、耀眼、無拘無束的花，彷彿把整個春天的爛漫，都釋放了出來。

媽媽連連讚歎，他們把新窗簾掛了起來，大片的油菜花像一條河在奔湧。花朵擁擠著、歡笑著、爭搶著，把所有溫暖的陽光捧出來，看一眼，心裏都是暖和的。

在少年美術大賽上，無慮的《油菜花窗簾》獲獎了。丁阿姨打電話來祝賀，她還說：「你們爸爸，最近老是愁眉不展的，抽空來看看他吧！」

無慮悄悄對無憂說：「老爸現在是缺錢、缺勇氣，所以就缺運氣，我們要幫幫他。」

❖他們就是哆啦A夢

無憂在網上看到一個徵文大賽，要求寫《我家的趣事》，一等

幼時，我們爭零食、爭玩具、爭父母的懷抱，在無數次或輸或贏的「戰爭」中，漸漸長大成人。如今，我們相親、相愛，成為彼此的哆啦A夢。

獎是五百元，興奮地叫無慮來看。正商量著，電腦忽然發出奇怪的雜訊，彷彿汽車引擎在發動，中間卻夾著剪草機的吱吱嘎嘎。無慮眼見不對，內行地關機、斷電。

打電話給電腦維修公司，他們給出兩條路。一，將主機搬去，無論能否修好，一律收費五十，如果修好，再視情況收費；二，上門服務，再加五十，維修費另算。

無憂無慮呆住了，這五十，那五十，他們以為，這個家裏隨便某個地方，都能抽出五十元鈔票？無慮打電話給學校的電腦老師，老師笑道，電腦該除塵了。

一語驚醒夢中人。在姊姊的幫助下，無慮把那些密密麻麻的插頭取了下來。然後，打開了電腦的主機箱。那樣壯觀的景象，讓倆人瞬時呆若木雞。

後來，無慮在參賽作文裏寫道：「如果你不肯花錢去大沙漠旅遊；如果你肯花錢，又不肯吃苦；或者如果你肯吃苦，卻擔心會有性命之憂，請打開你五年未清掃過灰塵的電腦主機箱。你無須旅途勞頓；無須買門票；無須帶相機。在自己的膝蓋跟前，眼睜睜地，就能見到這些大自然的奇觀。」

無憂補敘道：「我們見識了黃土高原和騰格里大沙漠，那種溝壑縱橫的滄桑，那種一望無垠的壯闊。讓人想到落日照大旗，馬鳴風蕭蕭；讓人想到長河落日圓，大漠孤煙直；讓人產生前不見古人，後不見來者的悲愴。」

無憂繼續寫道：「我驚得不知從何處動手，生怕弄壞了其中任何一件價值連城的珍寶，機子從此罷工。」

君子不得不開始動口，弟弟一口氣吹過去，再吹過去，左吹吹，右吹吹，不管是東南風，還是西北風，一時間黃沙漫天，烏雲蔽日，飛沙走石，妖氣彌漫。

弟弟寫的是：「沙塵暴就這樣來了，我們倆，頭髮上、睫毛上都落滿了塵絮，成了最鮮明的出土文物。白髮魔女、白毛帥哥，相互對望，張開嘴傻笑，驚歎於彼此的造型，土得掉渣、掉絮、掉沙子。」

姊姊是這樣記錄的：「那些土，落了下來，數量驚人。夠造個小型的萬里長城，夠精衛填平海的一角，夠堵上黃河堤壩的蟻穴。那個可憐的小風扇，被撕出一片一片的棉絮，完全可以給拇指姑娘做十床八床陪嫁棉被，給灰姑娘做一雙兩雙毛襪子了。」

弟弟接著寫：「姊姊像是考古學家，用小毛刷一點一點地刷。主板出來了，硬碟出來了，顯卡、音效卡、網卡，所有的卡終於露出真面目。如果再刷下去，生日卡、會員卡、醫療卡、銀行卡，大概都能刷出來。」

姐弟兩個，把電腦的五臟六腑洗個乾淨透亮，靈感也隨之噴發。二人合寫的作文，得了二等獎，獎金是三百元。他們用這筆錢，請爸爸媽媽，還有丁阿姨去吃速食，還送了爸爸一隻笑容可掬的招財貓。

招財貓笑咪咪地揮著手臂，爸爸認真讀完了獲獎作文。他說：「謝謝你們，這是一頓最營養的午餐。現在，我全身都充滿了勇氣，相信我，我一定能度過這道難關。」

餐廳裏有音樂響起：「我知道，我一直有雙隱形的翅膀，帶我飛，給我希望！」丁阿姨輕輕地握住了無憂無慮的手。媽媽眼裏，盛開著一叢叢金燦燦的驕傲。

❖無憂無慮的一家人

無憂說，春天是跳著踢踏舞來的，所以，雪融，鳥飛，小草換上了綠羅裙，預備參加舞會。無慮認為，它是踩著滑板來的，而且在旅途上披荊斬棘，所向披靡，獲得第一，才會抱得滿懷的鮮花。

媽媽說，春天是一路變著魔術來的。她的身體恢復得飛快。海豚公主的眼病也好了，現在一逗就笑；樓上大媽的兒子，雙雙考上了大學，並且有好心人願意資助學費。

還有爸爸，他終於鼓足勇氣，低價處理了那批笨重傢俱，進了一批時尚的款式，再把售後服務做得更好，吸引了很多即將在春天結婚的準新人。丁阿姨說，他現在快活得像無憂無慮送的那隻招財貓。

在這個春天的尾聲，媽媽徹底離開了輪椅。爸爸和丁阿姨恨不得昭告天下，他們請了親朋好友來慶賀。酒意正酣，笑語滿堂，那個善良的阿姨，這次又坐在他們身旁，看到這樣的場面，她也有些醉了，咧開嘴笑著。

她準備好的那些眼淚，連自己都忘記。她知道，這一家人，無論遇見了什麼事，都能笑得出來，仿佛有好運氣一直在陪伴著他們。這樣無憂無慮的一家人，讓人覺得，在前面等著你的，總是快樂。

如果無法吻下去

小妹的故事

姊姊大我十七歲，我是在她密密的吻裏長大的。小城的蝴蝶花開，她吻吻花，吻吻我：「小妹，天暖了。」青石板上落了白霜，她吻吻我：「小妹，秋涼了。」我穿大紅的虎頭鞋，一腳踏在新落的雪上，叫道：「姊姊，下雪了！」然後仰起臉，等她來吻，卻有一片雪花癢酥酥落在唇上。

做裁縫的母親是個儉省到苛刻的人，正餐之後再也見不得我的嘴動。她越苛，我越饞。在街道做清潔工的姊姊，便偷偷摸摸給我買零嘴——八寶粥、巧克力豆、麻辣牛肉乾……我吃喝得盡興，嘴角的殘渣卻不時地洩密，惹得母親絮絮不休：「家中早不是你們父親在世的光景了，金貨鋪子沒了，能省一個是一個。」

這些陳年老話聽得我起膩，丟給她一串老大的白眼。母親老鷹樣撲過來擰我，姊姊護著，我藏在姊姊的圍巾底下，小絨雞似地左躲右閃，咯咯直笑。這時候，我覺得姊姊更像個母親。

姊姊不停地吻我，她的唇那麼暖，又那麼軟，像浸透了陽光的花瓣。

不過，我的朋友都怕姊姊，怕她臉上那些淺淺的傷痕。在我看來，這些傷痕與別家姊姊臉上的痣與雀斑，沒有什麼兩樣。我並沒有嫌棄他們的雀斑姊姊，他們憑什麼要嫌棄我的姊姊呢?!

姊姊那麼喜歡吻我，在她眼裏，我永遠一兩歲，舞著小胖手，走路趺趺撞撞，抓到什麼都敢放進口中。她似乎看不見，越過十七年的距離，我已長得比她還高了。

一天，我忍不住問姊姊那些傷痕的來由。總以為會有一個淒厲而慘痛的故事，沒想到，姊姊只是淡淡說，小時候調皮，讓玉米桿劃傷的。我鬆口氣，吐吐舌頭：「你也太頑皮了，我還以為是刀傷呢！」

母親瞪我一眼，我又回瞪了兩眼，姊姊大笑。

姊姊笑的時候越來越少了，母親開始焦心姊姊的婚事，託了媒人到處說合，但每一次相親都教人失望。那些淺淺的傷痕，劃亂了姊姊整個青春；那些失敗的相親，劃破了姊姊的自尊。

媽媽忽然變得驚人的大方，為姊姊買了最好的首飾，添了最貴的時裝，把拘謹的姊姊妝扮成了神仙妃子。

媽媽的包裝成功了，這一次相親居然很順利。母親卻又絮叨：「那人樣貌太聰明，你姊老實，怕會受委屈。」但姊姊卻一心認定了這個人，這是第一個不嫌棄她的人啊。見姊姊這樣歡喜，母親便噤了聲。

三月訂婚，五月迎娶，姊姊終於嫁給了意中人。母親整日合不攏嘴，我心裏又歡喜又悲涼：「她很快會有自己的小嬰兒，粉紅光嫩地擁在懷裏，不會再捉住我吻個不停。」

轉眼到了除夕，我和母親正包餃子，聽見門口有聲音。我從貓眼裏張望了一下——樓道的燈亮堂堂，姊姊拱肩縮背地靠在欄杆上。

我趕緊拉她進來，她只告訴我們她離婚了，除此之外，什麼也不肯說。還有什麼好說的呢，一定是那些傷痕作祟，那信誓旦旦的男人，終究還是生出了悔意！

電視裏，春節晚會正熱熱鬧鬧地開播，我們三人卻相擁而泣，這樣慘澹的除夕，讓我永生難忘。我貼在姊姊耳邊，對她發誓，將來要做一名最高明的醫生，醫好她的臉。姊姊哽咽不止，含著淚吻我。

從前，為學習的事，母親和姊姊不知規勸過我多少回。我撒嬌作癡，推三阻四，就是不肯靜下心來讀書。如今，我恨不能一夜就考上大學，一月就成華佗。

坐在課堂裏的我，幾乎脫胎換骨——不打小瞌睡，不看言情小說，也不留意老師今天穿了什麼。昔日的好友傳了字條來，漫不經心地揉掉，帥氣男生的目光，也不再讓我心跳。那樣地心意如鐵，令眾人驚駭。

槐花謝了，玫瑰紅了，教室裏，那塊高考倒數計時的牌子，讓人的心愈跳愈急。

那天，母親接了一個電話後格外興奮，那是省城一個整容醫師打來的，她在十多年前就為姊姊做過整容，本來還須再做一次，只由於家中日益艱難，手術就這麼耽擱下來。如今，當年的醫生已成為院長，她願意優惠半價來為姊姊手術。

母親激動地說：「天底下真是好人多啊，難為她還記得我們，我們都搬回老家來了，難為她怎麼找得到我們的。」不過姊姊死活不願去，說上一回疼怕了，她要等著小妹為她做。

我勸姊姊：「你已經三十六歲，我大學至少讀四年，成為一個好醫生，至少還要五六年。一個女子的好年華，卻不肯停下來等任何人啊！」

姊姊一向聽我的話，這次卻無比倔強。母親幾乎要給她跪下，她才答應去。不過，她固執地不要任何人陪同。

我經常夢見姊姊回來的情形——她的臉光潔如玉，像換了個人似地。我大聲地叫姊姊，拼命去拉她，她卻猛然推開我，夜半醒來，我的臉濕濕的。

高考終於結束，我靜靜等待結果。姊姊回來了，她輕描淡寫地告訴我們：「醫生檢查了，說做與不做效果都差不多，何苦白捱那個痛。」母親瞅著姊姊，半信半疑。

第二天，那家醫院打了電話來。我還沒聽兩句，姊姊已搶了過去，她一直不說話，只是嗯嗯應著。母親剛剛湊過來，就被姊姊推開。掛上電話，姊姊哭著說，這個家沒法呆了，她的電話人人都可以聽。

當夜，姊姊失蹤。正是八月，鳥一聲聲地叫，桂花開得淺黃淡白，香得教人心碎。母親哽咽著：「她身上沒帶錢，又沒有朋友，能到哪裡去呢？」

我收到了醫學院的錄取通知書，卻開心不起來。就在我們幾乎絕望的時候，姊姊回來了。我心裏，一萬遍地感謝上蒼。

我俯下身子，抱住她，輕吻她的臉，吻那些深深淺淺的印痕。在我能改變她的容顏之前，我願意以吻溫存那顆傷痕累累的心。

她卻猛然推開我，彷彿我唇上有毒，這情形，與夢中的一模一樣。

姊姊徹底變了。以往她的任何東西，都任我挑任我拿，我開心，她更開心，如今，她的東西碰都不讓我碰。

外面颳風，急著出門的我，隨手抓起條圍巾就繫上，她竟劈手奪了下來，說這是她的。我們倆都是印花玻璃杯，只不過她是蘭花，我是水仙，一渴起來，誰還耐煩分辨哪個，偏她眼尖，只要我拿錯，便大發脾氣。

她又抱怨，掃一天地累得腰痠背痛，便不肯再做飯。從未下過廚的我，在灶邊扎手舞腳、大呼小叫，姊姊紋風不動，母親無可奈何，停下手中的活來幫忙。

好不容易飯熟了，我炒的菜她連看都不看，只擰著眉在飯碗裏左撥右撥。我忍不住發起火來，姊姊居然比我更凶，她歷數了這麼多年來父母的偏心。說憑什麼我風風光光上大學，她就活該要當掃地工，並聲言已租好了屋子，現在就搬出去。

原來是為這個！我和母親齊齊怔住，一個字也說不出來。

她細細地收拾著東西，連一根頭繩也不放過，她自己的她拿走，我倆共用的她也要拿走。母親滿臉的悽惶，要去勸，被我狠狠地拉住了：「她要走，讓她走！」

就這樣，姊姊頭也不回地離開了我們。望著那空下來的半間屋子，我心裏被委屈占滿。

開學了，母親叫我去跟姊姊告別，我一口頂回去：「我沒有姊姊！」母親唉聲嘆氣，欲言又止。在火車站前的那條路上，我看見了推著清潔車的姊姊——她的臉如同風雨揉皺的舊報紙，連嘴唇都是蒼白。

我哽咽著走過去，想像過去那樣，抱住她的肩，吻她。她冰冷的眼神逼退了我。我看著她的臉，熟悉的臉，想起那些帶著蝴蝶花香的吻，那毛茸茸圍巾穗子下面的溫暖，只覺得心如刀割。

我茫然地站著，心裏一陣一陣地痛上來，如果不是那張大學錄取通知書，我們仍然會是世上最親密的姊妹。

新的朋友，新的生活，一切都讓我覺得新鮮。就在我幾乎忘掉姊姊的時候，在校園論壇上，我看到了一則文章轉貼——《那個溫暖一生的秘密》。

故事發生在一個旅遊勝地，陽光暖融融的，一位十七歲的小保姆，抱著兩個月大的女嬰來到門前。她正低頭親吻那小小面頰時，一位精神病患衝了過來，他已經連傷數人，此時，手中的刀正刺向嬰兒的臉。驚恐的小保姆，拼全力護住懷中的孩子，自己的臉和脖子卻被劃成重傷。

後來，小保姆成為這個家中的女兒，她要求父母永遠對妹妹保守

 無論多累，都不要鬆開我的手，我可以給你力氣，而你，能給我勇氣。

秘密，她希望妹妹的記憶裏，只有溫柔的陽光。

十九年後，為了妹妹能上大學，姊姊放棄了第二次整容的機會。她願意一直等，等到妹妹成為一個高明的醫生，再來為她做手術。

文章底下還有一張多年前的新聞照片——老式的病房，老式的點滴架，病床上坐著個頭臉裹著紗布的病人，胸前攬一個小小嬰兒。而旁邊那個清瘦的婦人，正是我熟悉的母親！

我如遭雷擊，這個秘密，她們瞞了我十九年！

我打電話給媽媽，午夜時分，家裏卻沒有人。我又打給鄰居大媽，她沉吟半晌才告訴我，姊姊得了肝炎，已住院半個月了，母親一直在醫院裏。

她又說：「聽說，上次你姊姊是在省城查出的病。」

我的腦子轟轟作響。我瞬間明白，她何以會推開我的吻，她何以會不許我碰她的東西，她何以會不近情理地搬出去。

原來，是她，無法繼續吻下去。

當年，無法繼續吻下去的時候，她選擇了以自己十七歲的容顏，面對尖銳的刀鋒；而今，當她無法繼續吻下去的時候，她選擇了離開。

這世上，不會再有第二個人，比她更愛我。

雪災蔓延，除夕夜卻停了電，我們一家點起蠟燭包餃子。姊姊早已回來，身體恢復得很好。

她不停地叫我：「小妹，蠟燭光好漂亮啊；小妹，蒜泥搗好了；小妹，又下雪了！」我一遍遍地附應著。在這一呼一應間，我的心，像生出了柔軟的枝枝蔓蔓，開出了一朵一朵姹紫嫣紅。她並不清楚我已經知道一切。

這是一個多麼溫暖的紅塵，我願意，這樣一輩子溫柔地應和她。

妒嫉的模樣

柔柔的故事

六歲的女兒，在小表妹面前，儼然一派姊姊風範，無論自己多心愛的東西，也不管是吃的還是玩的，都會大大方方悉數捧出。兩個孩子歡天喜地，家中似有陽光融融。

但若一旦有誰犯了禁忌，不小心誇妹妹一句，女兒的臉就會立刻黑屏。瞬間，溫柔姊姊變身刁蠻公主，不由分說將妹妹手裏的東西，疾風驟雨般通通收回。一時間，大的怒，小的哭，仿佛寒流忽至，室溫降到零度以下。

到幼稚園開家長會時，老師也提醒我們，說女兒妒嫉心很強。如果同桌得了小紅花，或受到老師表揚，她就會很久不理同桌。有許多小朋友都怕女兒這種性格，她在班上顯得孤單。

我們多次指責女兒，要她改掉妒嫉的毛病。每次她都委屈地反問：「妒嫉長得什麼樣兒？你們幹嘛不把它從我心裏拿出來呢？」弄得我們啼笑皆非。

她的表現越來越讓人擔憂，上周參加公司的親子活動時，她在遊戲中被淘汰了，竟忽然推倒獲勝的小選手。其他小朋友紛紛說她不該打人，她當場大哭起來。

我們終於意識到，妒嫉不是個簡單的小問題，不會隨著年齡的增長而自動消失，必須找到一個解決的良方。我們認真研讀了有關兒童心理的文章，也請教了一些幼教專家，商討了很多法子，想把女兒的妒嫉，從她心裏頭「拿」出來。

週末，又因奶奶誇了妹妹乖，女兒忽然變臉，預料中的場面開始上演。老公嘆道：「好厲害的嫉妒心，快比得上黃風怪掀起的沙塵暴了！」我也咋舌：「比木馬病毒威力還強！」

噘嘴瞪眼的女兒，聽到我們又提「妒嫉」二字，頓時眼淚汪汪。老公笑：「你不是想知道妒嫉長什麼樣嗎？快跟媽媽去看吧！」女兒抬起頭，眼裏滿是好奇。妹妹抽泣著說：「妒嫉是不是長得像黃風怪和牛魔王？」

我帶她們來到電腦前，打開了一幅圖片——那是一株紫色的風信子，正在月夜裏開放，花瓣重重疊疊，異常柔美。妹妹叫道：「妒嫉長得好漂亮啊，一點也不像怪獸！」女兒不解：「爸爸不是說妒嫉不好嗎？」

我要她們別著急，先來聽一個神話——在古希臘，有三個很要好的朋友，他們分別是植物神、太陽神和西風神。植物神比較喜歡跟太陽神玩，西風神就非常妒嫉。

有一天，植物神和太陽神一起玩擲鐵餅，太陽神擲的時候，西風神乘機改變了鐵餅的方向，將它吹向植物神，打破了他的前額。太陽神想盡一切辦法，也沒能挽救好朋友的生命，在鮮血染紅的土地上，長出了一株紫色的花，太陽神把它命名為「風信子」，用來紀念好友。

因為植物神是被妒嫉所傷，因此，紫色的風信子就代表著悲傷和妒嫉。

姐妹倆變得難過起來。妹妹說：「妒嫉是個大壞蛋！」女兒喃喃說：「要是沒有妒嫉就好了，他們三個可以一起扔沙包玩，或者跳繩。」

老公笑了：「孩子們，來嘗嘗妒嫉的味道吧！」聽說有吃的，兩個孩子頓時一掃愁容，開心起來。妹妹早就跑進廚房，女兒在後面悄悄問我：「風信子花可以做沙拉嗎？」我附在她耳邊輕聲地說：「妒嫉每次出現，都是一個新的樣子！」

老公榨了兩杯鮮橙汁，然後遞給姐妹倆一人一個小瓶，示意她們將小瓶中的汁液兌一點進去，然後攪勻。孩子們興致勃勃，做得很帶勁。攪拌後，兩個人迫不及待地嘗了一口，結果，妹妹直吐舌頭，而姊姊因為將瓶中的汁液多擠了兩滴，已經開始流淚、咳嗽。

我邊讓孩子們漱口，邊溫和地告訴他們：「剛才那個瓶子裏，裝的就是妒嫉。無論多鮮美的果汁，如果摻了妒嫉進去，就會讓人難受。」女兒微微點頭，她是不是想起了在幼稚園裏的孤單？那種滋味一定很不好受。

孩子們將小瓶還給我，妹妹嚷道：「我不要再見到它了！」我笑著，將「妒嫉」收到櫃子裏。其實，那只是一瓶芥末油，它做了孩子們最好的教具。

老公又笑嘻嘻地說：「想聽聽妒嫉的聲音嗎？」兩個孩子又興奮起來：「妒嫉還會說話呀！它是不是像外星人那樣？」姐妹兩個開始學著機器人，怪聲怪氣地講話。

我把她們帶進臥室，床上有兩個剛剛充好氣的玩具氣球。一個是姊姊喜歡的花仙子，一個是妹妹喜歡的叮噹貓。兩人歡天喜地，撲上去就要拿，被我阻止了。

我和老公各拿一隻，模仿著花仙子和叮噹貓的聲音，爭吵起來：「我比你漂亮！我比你能幹！所有人都應該喜歡我！你走開！」最後，我與老公乾脆拿著氣球打起架來。兩個孩子著急了，勸了這個勸那個，我們就是不聽，越打越凶，只聽「啪！」的一聲，兩個漂亮的氣球破掉了。

姐妹倆吃了一驚，呆呆地望著地上。妹妹惋惜地說：「為什麼要打架呢？你們都很好啊！」女兒把花仙子的碎片撿起，一片片拼著，她大哭起來，就像那次親子活動裡那樣傷心。面對所有小朋友的不滿時，她的心也會銳利地痛吧？

老公輕聲說：「花仙子有花鑰匙，叮噹貓有百寶袋，如果他們不互相妒嫉，能做好朋友，一定會玩得非常開心的。」我溫和地問女兒：「告訴媽媽，為什麼會妒嫉妹妹和其他小朋友呢？」

女兒低頭：「你們老說別人比我好，我以為你們不喜歡我了。」我抱緊她：「你一定要相信，你是我們的孩子，爸爸媽媽會一直喜歡你。」

女兒訥訥地說：「可是，爸爸媽媽也妒嫉啊！」我們吃了一驚。女兒模仿著爸爸的聲音：「那個小李，年紀輕輕，居然一來就當了主管！」老公的臉，驀地紅了。女兒又學著我的表情，唉聲嘆氣：「我們辦公室的那個小王，憑什麼獎金比我高？」我的臉也變得火辣辣的。

我與老公尷尬相視，我們萬萬沒想到，是自己的言行影響了孩子的性格。老公乾咳一聲，鄭重地說：「你說得對，我和媽媽都錯了，不過我們保證，從現在開始，會和同事好好相處，再也不妒嫉別人。」我誠懇地點頭：「我們一起改正吧，以後大家互相監督，如果十天之內沒人犯錯，我們就去兒童樂園玩一整天。」

女兒驚喜地問：「真的？」我們伸手與她打勾勾，妹妹也擠進來。我們笑起來，四隻手指勾在一起。

接下來的日子，我們不再拿女兒與其他孩子作比較，也不會再說：「看，妹妹比你小，拼圖比你反應快多了。」包括奶奶，也不再逗她：「奶奶不要你了，要對門那個胖嘟嘟的小妹妹！」這種言辭，對一個敏感的孩子來說，是一件痛徹心扉的事情。

我和老公變得時常誇獎辦公室同事，並表示要努力學習別人長處，讓自己也變得出色。此外，只要有空，我們就帶女兒去參加競賽型活動，讓她體驗更多的成功和失敗，藉以磨練出一顆堅強的心。

最重要的是，我們開始有計劃地培養她的自信。女兒向我們展示她的手工、繪畫或者其他作業時，我們都給予恰如其分的鼓勵，不再自作主張，拿起她的作品就批評或修改。

孩子眼裏的世界與我們不同，我們不能用成人的眼光和標準去評判他們。大人們往往太心急，想讓孩子每件事都做得完美，在不斷地指責中，孩子變得自卑和憂鬱。現在，聽著我們的讚賞，女兒眼睛裏閃著快樂的光彩，自信已在她心裏萌芽。

漸漸地，她會告訴我們，某個小朋友唱歌很好聽；某個同學體操做得最好；同桌的新裙子好漂亮。她跟妹妹相處也很好，甚至，她還會表揚妹妹：「你真聰明，猜謎語好快，你笑起來真好看！」我們知道，女兒已經從妒嫉的陰影裏走出來，有了她自己的陽光。

那天，幼稚園的老師特地告訴我們，女兒現在變化可大了，小朋友們都喜歡跟她在一起，做遊戲時，大家爭著讓她加入自己一方。

看著快樂的女兒，我輕輕地擁住她。孩子的心，應該是一座最美的花園，只有把心裏的荊棘拔出來，才有地方種芬芳的玫瑰。

在第29屆奧運會上，當射擊天才埃蒙斯遭遇四年前的噩夢
再次脫靶時，卡塞琳娜在場邊捧住了丈夫的臉，
那兩道溫柔的目光傾瀉而下，沖刷著他所有的沮喪與蒼涼。
鑽石不是用來切割玻璃的，
濃情蜜意的目光，也不是用來驅散噩夢的。
可真愛，猶如真的鑽石，能割破一切厄運。

伴侶的目光

向你打聽一個人

夏瓦汗的故事

我的呼吸裏，還染著伊犁的薰衣草香，眼前還幻映著喀納斯晨霧的淡紫，身子彷彿還在維吾爾人的毛驢車上搖晃，而這一程北疆之旅，卻要落幕了。

烏蘇，是我們的最後一站。候車室裏，正響著那首《青花瓷》——「天青色等煙雨，而我在等你……」旅伴在我耳邊咕嚕著：「等人與愛人一樣，都是件太麻煩的事。」這個失戀的女孩，一路上從未停止過唏噓，任人怎麼勸都無濟於事。

我買了一杯奶茶，坐下來慢慢喝，旁邊椅子上有張本地的早報，應該是哪位乘客在匆忙中落下的。我漫不經心地瞥了一眼——「烏蘇癡情女苦尋心上人九年」。禁不住暗想：「這九年，應該是一個女人的精華時期吧。」芭蕉綠，櫻桃紅，一呼一吸都是美的，這樣的好年華，竟全部用來尋人了。

閉了眼，繼續聽歌——「月色被打撈起，暈開了結局，如傳世的青花瓷，自顧自美麗……」旅伴碰一碰我的肩，又開始抱怨：「愛情也像青花瓷般薄脆，那麼地難以侍候！」我笑道：「你既然知道愛如青瓷，還要渴望愛人堅如磐石？真可惜了那一路的好風景，全被你的傷心給遮罩了。」

旅伴忽然起身，一下碰翻了我的杯子，茶水在我膝蓋上淋淋漓漓，急切之下，她抓起那張報紙替我揩抹。透過她的指縫，我不自覺又看了一眼那被揉皺的標題，不覺怔住，那標題上寫的不是九年，而是「九十年」！

愛如青瓷，那樣嬌怯的薄胎青瓷，世事般涼，孤影般薄，卻有人在手中完完整整地捧了九十年。茶水嘀嘀噠噠地流下來，流到我的腳背上，我不管不顧地抓過早報，細細看這則消息，旅伴也好奇地伸過腦袋，跟我搶著看。

維吾爾姑娘夏瓦汗，一九〇〇年出生在喀什葛爾。她原本家境殷實，是父母最寵愛的小女兒。做地毯商的父親病逝後，家境迅速衰落，幼小的她，飽受繼父的喝斥和拳頭。長大後，夏瓦汗與窮小子肉孜相愛，由於繼父的反對，他們雙雙逃離故土，卻在途中失散。

從此，夏瓦汗孤身踏上了漫漫尋愛路。新疆呼圖壁、瑪納斯、沙灣、烏蘇，她一路跋涉，卻始終沒有找到愛人。今年已經一百零九歲的夏瓦汗，住在新疆烏蘇市西城區街道上，至今未婚。

旅伴握著報紙瞠目結舌，我抱著濕漉漉的膝蓋，誰都無法再說出一句話來。我是在新疆出生的，對故事裏的背景實在是太熟悉了——綠蔭匝地的葡萄架，長辮子紅紗巾的繡花女孩。門前的石榴樹，到五月就會有緋紅的花瓣飄落下來，觸著人的心，心便柔軟成汩汩的天山雪水。飽經憂患的夏瓦汗，攜著愛人的手走過了銀河，卻沒能披上那件石榴花般的紅嫁衣。

失散以後，那個只有十幾歲，從沒有出過遠門的小家女子，該是如何地驚惶和淒涼。新疆太大、太空曠了，儘管時空已經拉到了二〇〇九年的今天，坐著火車，一站一站地過去，車窗外仍然永遠是莽莽的戈壁，偶爾，才會望見幾星燈火。而夏瓦汗，那時是獨自靠著雙腳穿行。

戈壁過去是沙漠，沙漠過去是草原，每一段都是無邊無際的孤獨。酷暑、嚴寒、饑渴、疲憊，是一樣也不能少捱的。我讀過新疆史，清楚地記得，那時，新疆正是亂世——瘟疫、戰亂、動盪。一個孤弱的女子是怎樣撐下來的，我無從知道。因為，新聞上都略去了。

我能想像得出，夏瓦汗經過每一座城市、每一個村落，都會虔誠地向遇見的人詢問：「您見過肉孜嗎？他高高的個子，濃眉毛、大眼睛，笑起來很響亮。他穿藍色的袷袢，他戴的花帽上絆金、絆銀、串珠，還有我親手繡的巴旦木。」

只是，我想像不出，那九十年的歲月，她是如何度過的。月亮下白的光陰，草尖上綠的光陰，葡萄架裏玫瑰紫的光陰，所有的日子在顏色盤裏流轉著，滴滴孤獨，卻毫不猶豫地過濾掉了一切苦難，只餘愛情。

那樣驕傲而尊貴的愛情，一寸寸，與傲慢的時光抗衡著，決不妥協。

候車室裏人聲嘈雜，廣播裏那個溫柔的女聲，用維漢兩種語言提醒我們，應該起身驗票了。

途中，我向檢票員問起夏瓦汗的事。那女孩說，她夫家住在西城區，聽婆婆說，夏瓦汗每日勞作，身體很結實，記性也很好。她依然能記得，離開家鄉的那個夜晚，星光靜靜垂下來，空氣中有沙棗花濃郁的香。

火車匡噹匡噹地向前，當年，夏瓦汗是不是也從這條路上走過？

看到這篇文字的人，無論你在世界的哪個地方，我都想問一問：「你聽說過一位來自新疆的肉孜老人嗎？」如果，你有他的消息，請一定要轉告他，那個用近百年的時光，來尋找戀人的維吾爾女子夏瓦汗，至今未婚。

現在，她住在新疆烏蘇市西城區街道辦事處民生路，在一所有葡萄架的小院子裏，安靜地等著，等著她今生今世的紅嫁衣。

疼痛裏開花

裏斯的故事

二〇〇八年七月四日，在英國德比郡的麥克沃斯市，一場婚禮即將舉行。八歲的新郎裏斯．弗萊明，手拿一枝紅玫瑰，焦急地等待新娘愛琳娜的到來。

愛琳娜是他青梅竹馬的好友，也剛剛滿八歲。這場婚禮整整提前了二十年，因為患白血病的裏斯，只剩下兩個月的生命。

當生命遭遇快進，以超常十倍的速度瘋狂地衝向終點時，連上帝都沉默不語。深愛裏斯的母親和繼父決定，幫助他實現人生的所有願望。

乘坐一次法拉利和保時捷汽車、在消防站呆上一天、和家人朋友舉辦一個海盜主題的派對。這個男孩開出的願望清單裏，最重要的一條是——娶心愛的女孩愛琳娜為妻。

父母交換著猶疑的目光，因為他們知道，愛琳娜曾拒絕過多次裏斯的「求婚」。不過，他們仍然鼓足了勇氣，去見愛琳娜和她的父母，沒想到，這一回，這個天使般的小女孩居然爽快地答應了，連她善良的父母也積極支持。

這令裏斯一家人喜出望外。起初，兩家大人準備請牧師幫忙，主持一場足以「以假亂真」的特殊婚禮，並計畫讓「新娘」愛琳娜坐著豪華轎車抵達教堂，讓他們接受親友的祝福。但是，裏斯的病情突然惡化，家人們意識到，他已經沒有多少時間可以等待。

於是，他們決定，就在家中為這對孩子舉辦一個簡單溫馨的「婚禮」。

婚禮的時間就要到了，而愛琳娜還未出現。新郎裏斯萬分焦灼，他的母親更是忐忑不安，生怕在這關鍵時刻出什麼意外。

手持花束的愛琳娜準時出現了，在父母的陪伴下，她像一朵純白的鈴蘭花——小巧的婚紗，閃閃發亮的頭飾，優雅而甜蜜的微笑。裏斯的母親忽然掉下眼淚，真的，她這一生，再也沒有見過比愛琳娜更美的新娘。

接下來，愛琳娜的母親為這對「新人」扮演了主婚牧師的角色。在莊重的誓言裏，新郎和新娘交換了結婚戒指，「牧師」還正式向他們頒發了兩份「結婚證書」。

不過，裏斯沒有選擇親吻自己的新娘，他是一個小紳士，懂得該如何尊重羞澀的愛琳娜。整個婚禮儀式上，他始終微笑地注視著愛琳娜，眼睛裏有水晶般的光澤。

婚禮結束後，他躺在床上，輕聲對母親說：「媽媽，我現在可以離開了。」他顯得那麼平和，他知道這一趟生命的旅行，儘管短暫，來是快樂的，去是溫暖的。

婚禮的第二天，裏斯離開了，他小小的棺材被裝飾成海盜船的模樣。來過，愛過，歡喜過，這八歲男孩的人生，是一朵淺藍的雛菊，被溫存地放在記憶的信箋上，靜靜地香。

陰霾忽起，劫難驟臨，這些顫慄的心，不是驚懼地尖叫著跌下去，碎成一地絕望的粉末，而是選擇在疼痛中開花，開一路溫柔的黃花，照亮孩子遠行的路。

上帝藏起的一釐米

一米七的故事

相愛的時候，風軟花香濃，滿眼裏淨是對方無限的好，哪裡還顧得上別的。

結婚後，總有些促狹的朋友，拿他倆的身高打趣。他一米六九，她一米七零，僅僅相差一釐米。可視覺是個壞東西，它將這一釐米的差距，在世人眼裏誇大到無限。

玩笑聽得多了，他仍然笑嘻嘻地，但她的心裏就長出了草。這一釐米，忽然變成了天塹。絲絲縷縷的悔意，如小蟲，無聲無息地齧著蘋果的心子，日日夜夜。

也想為了這一釐米分手，但總有點什麼東西，柔軟地、固執地牽繫著，叫她沒有勇氣扯斷，是什麼呢，靜下來的時候，她細細地想過，可是，終究沒有答案。

終於，她不肯與他一同出現。一個人逛商場，咬緊牙、蒼白著臉提大包小包的東西；一個人參加朋友聚會，小小心心地只喝飲料，唯恐軟成泥後無法回家。甚至，加班的時候，也不再要他去接。

計程車開不進來，只能在巷口下車。水似的涼風，靜得異樣的夜，幽暗的小巷，開始也是怕的，慢慢習慣後也就好了。她終於明白，沒有他，也是一樣地過。

他居然什麼都不問，而且，在家的時間也越來越少。每次她回來，無論多晚，他總要比她更晚，且滿臉的疲憊，他這是在向她示威嗎？她覺得有些委屈。

蘋果的外表仍然光潔紅潤，獨心子已經變苦了，那一絲不捨，灰飛煙滅。她想找一個合適的時間，平靜地結束這段婚姻。

他忽然被派去出差，當晚的火車，她沒有去送。走之前，他一再地囑咐她——逛商場的時候，別把錢包隨意地捏在手裏；加班或者朋友聚會，如果太晚了，叫車時一定要找熟悉的司機。

聽著他的溫言款語，她幾乎想冷笑：「這樣虛偽的男人！還以為他只是身體上差了一釐米，誰知靈魂卻差得更多。」他在家的日子，眼裏心裏何嘗有過她？現在卻扮演愛侶情深，真是教人不齒！

心，忽然就輕鬆下來，她知道，這段愛情已壽終正寢。他離開的七天裏，她照舊逛街、聚會、加班，可是，卻發生了一些意外。

在超市的門前，她的錢包竟被個十二三歲的孩子搶了，爭奪的過程中，她還被推倒在地，擦破了膝蓋。夜半加班回來時，一下車，心裏的陰影就愈發重了。好不容易捱到家門口，竟發現，裝鑰匙和手機的包忘在計程車上，她慌了，實在不知道該怎麼辦，抱住雙肩，蹲在門口。

一陣上樓的腳步聲，驚得她慌亂地站起來。竟是那個計程車司機，急匆匆地衝了上來，送過那個救命的小皮包。

她破涕為笑，千恩萬謝。那司機微微一笑：「不用謝，你老公囑咐我的，你晚上坐我的車，一定要通知他去接你。今天，他說他在出差，叫我一定要等到你家的燈亮了再走。剛才我等的時候，發現你忘了拿皮包。」

司機又問：「你在鬧情緒是吧，好多次，你一個人走，我都看見他悄悄跟在你身後。」

原來是這樣！難怪，他一走，連小毛賊也敢動手搶她了。每一次，他回來得比她更晚，只因，他一直走在她身後。是她，委屈了愛情，是那一鳌米，矇住了她的眼睛。

心裏的草，被拔得乾乾淨淨，頭頂是一個朗朗的晴天。她去車站接他時，嗔怪道：「為什麼要藏在我身後，害我差點丟掉你！」他回笑道：「上帝藏起了我的一鳌米，是為了讓我發現善良的你。我藏在你身後，是為讓你一轉身就能看見幸福。」

她轉過身去，緊緊地抱住他，抱住她的幸福。誰會那麼傻，為了上帝藏起的一鳌米，而丟掉一世的幸福呢！

春風一吹忘了誰？

阿離的故事

在外人眼裏，他們是一對如花美眷。可惜，外人看不見那花心裏潛伏的蟲，確切地說，是她心裏潛著的蟲。

其實，那也只是一場舊日暗戀而已。朝九晚五的日子，平淡如水，春日的午後，驀然間遇著那人，心事紛萌，瞬間便開得千朵萬朵壓枝低。

她未嫁，只是，他已娶。他有妻有子，還有一顆安穩沉靜的心。這樣的愛，說不得、碰不得，幾乎要了她的命。是他，這個有情有義的青梅竹馬，牽了她的手，撥草尋路、披荊斬棘，一步步逃了出來。於是，她成了他的妻。

她以為，從此可以了卻那罌粟般的相思。可是，每到二月，春風的手在心上輕輕一撚，她還會莫名的顫慄。以沉默，以淚水，撫摸那一段織錦也似的迷離。他總錯疑她得了傷風，會去廚房煮一碗滾熱的薑湯，看著她喝下去。

婚紗照掛在牆上，油鹽醬醋錯落排在灶邊，兩人的錢親暱地存在一張卡上。她以為，大紅的同心結下面，日子會一直這麼波瀾不驚地過下去。

細心的她，先是發現銀行卡裏的錢，莫名其妙地少掉很多。問他，說是借給朋友了，可語言支吾含糊，甚至不敢看她的眼睛。接著，他出差越來越頻繁，回來後總是疲憊不堪，倒頭便睡。

她的心，像落進了黑水潭，撲騰著，游不上來。她一直很笨，像童話中的女主角，遇事只會驚惶哭泣。她甚至不敢向母親訴說，在另外一個城市居住的母親，心臟不太好。那個固執的老太太，說什麼也不肯搬來這裏。

他又出差了，神色裏帶著些古怪，無限陰霾，都上心頭，如同黑雲壓城，壓得她喘不過氣來。她寂寥地出了門，在咖啡屋裏，意外地遇見了那個刻骨銘心的人。

今夕何夕，見此良人。她濡濕了眼角，默默地坐到了他的對面。他風采依然，只是，眼神裏有無限落寞。花瓶裏倚著腥紅的玫瑰，陶杯裏盛著熱的咖啡，她眼裏盛著他。

他離婚了，一個人無法面對一室的白月光，亦不喜燈紅酒綠的嘈嚷，於是來這裏，想以一杯苦咖啡，洗濯心口的傷，只是藥不對症，越洗越傷，連胃都開始絞痛。

她忽然忘了自己的傷，一下子變得勇敢起來。陪他回家，替他收拾那一室的狼藉。再將一鍋白粥，兩碟小菜，熱騰騰地端了出來。他的吃相像個孩子，叫她又疼又愛。

燈光瀲灩，如夢如幻，他們記下了對方的手機號碼，她要告訴他，那些他不知道的相思，她再也不會弄丟眼前的這個人。

她的手機響了，聽見良人雀躍地說：「你還在加班啊，我已經回來了，我要送你一個大大的驚喜！」

今夜，她已經有自己最大的驚喜了，並不稀罕他給的。

一進家門，她還是驚呆了——母親笑盈盈地坐在客廳裏，腳邊還放著個大大的皮箱。她終於肯來了，可是，怎麼會跟他一起來呢？

母親得意地告訴她，上個月，她已經成功地做了心臟搭橋手術，恢復得很好。這前前後後，全是女婿一個人在張羅。整個醫院都羨慕她有個好女婿，出錢又出力，連兒子都沒有這麼孝順。

她愕然道：「你們為什麼都瞞著我？」他哈欠連天地嘟囔：「有我就夠了，你那脆弱的神經，只適宜享受快樂。」母親一下子笑出聲來，目光裏滿是慈愛。

原來，她的春風，一直都與她耳鬢廝磨，而她，卻差點錯把秋風當春風。

也許，每個人都有自己的一縷春風吧。你的春風，是不會讓你傷風的，它會吹紅桃花，吹綠柳樹，會讓你的每個日子都繁花烈烈。

誰的江山，誰的美人

美人的故事

老公沉穩豁達，待人接物透著一股親和力，但是近日來，他竟然開始排斥我的閨中秘友。人家一進門，他的臉就黑了屏。我們正頭挨頭，唧唧噥噥，他橫插進來，三言兩語，攪亂話題，讓人索然無味。

我抱怨道：「就算她不是我好友，也是你們老總的愛女，你怎麼這麼沒眼色？」他悻悻然：「這女人是病毒，她來一次，你至少受酷刑一周，絕食三天！」

好友是開美容院的，店名不叫美容院，偏偏叫美人院。她還自稱「美麗教主」，盡發表些驚世之言——男人愛你桃花般的紅顏，絕不會愛你肥桃般的腰身、桃核般瘪皺的滄桑。美人多嬌，愛情江山才牢靠。這廣告語，惹得諸多美或不美的女人，嚶嚶嗡嗡地追逐著，美人院生意極火。好友亦力勸我減肥，並贈我塑身內衣一套，瘦身秘方若干。

那套神奇的塑身衣，被老公稱作刑具，而我的節食，更讓他暴跳如雷。兩片單薄青菜，一瓣伶仃水果，再多一口，我都不肯張嘴。老公親自洗手下廚，做了紅燒魚，去骨剔刺，往我嘴裏塞。我咬牙閉眼，決不妥協，執意要為美貌殉情一般。

遇見老公，佛也會亂了方寸。一夕間，家裏的桌布、壁掛、電腦桌面，全變作誘人美食圖。他煮好飯菜，殷殷勤勤，盛在精緻的碗盞裏——翡翠菜心、玫瑰肘子、水果粥……這紅塵香熱撲面而來，直教人口水洶湧，壯志寸寸成灰。

碗空碟淨，抹抹嘴，懊惱便上了心頭。我喃喃罵道：「你開罪了老總愛女，別想有提拔的機會。不愛江山倒也罷了，還攔著我減肥，難道美人你也不愛？」他指著我：「你就是我的江山和美人。」

好友再來，看著依舊滋潤的我，連呼失敗。不過，她喜滋滋地告

我為你遠行擔心，為你晚歸發脾氣，為你做很多有用和沒用的事。你允許我發胖，允許我長皺紋，允許我慵懶地倚在床上發呆。記得有個人曾說過：「愛與被愛，不如相愛。」

訴我：「店裏新從韓國請來了整容醫生，抽脂、拉皮、削臉、磨腮樣樣拿手。你若忍得一時之痛，說不定就能成為中國第五大美女。」

一時，我心旌動搖，不能自已。白日夢裏，我常常成為一江南美女，撐油紙傘，穿碎花旗袍，嫋嫋婷婷，杏花般洇染在小巷的春雨裏。

我知道沒有來生，即令有，也不知來世是男是女，是醜是俊。只有牢牢地抓住現世，抓住這個韓國醫生，才能圓我的美人夢。

忽然，老公自書房跳出來，神情剽悍，目光明晃晃，像隻華南虎。可憐的好友，連包都忘了拿，就張惶逃走。我大怒，扭住老公，要他去道歉，他倒聽話，捧著那個小包就走。

第二天，我樂顛顛地去了美人院。好友神情古怪，她告訴我，昨天老公追到她家，紅著眼睛，當著她老爸的面，大鬧了一場。

他說：「有誰敢動我老婆一根汗毛，別怪我不客氣，我會一把火燒了你的瘋人院。」他還說：「什麼叫忍一時之痛，一秒的痛我也不想讓她忍。我不要什麼美人，我只要她健健康康！」

好友笑道：「老爸不但不怒，還反過頭來訓我——『以後你嫁人，就得嫁這種真疼你的男人！』」這時，一條短箋飛了進來：「拿什麼天長，息息相關的日子；靠什麼地久，結結實實的身體。親愛的，回家吧！」

我抬起頭，窗外，站著眼巴巴的老公，我飛跑出去。我明白，如果真愛，那個人會愛你桃花開時的鮮妍明媚，也愛你肥桃般的腰身，愛你癟皺如桃核的滄桑。

光陰落落，歲月生香，日子大片大片的，如薰衣草般密密匝匝。隔著兩碗熱粥，幾碟小菜，嫋嫋熱氣中，擁住彼此溫潤的眼神。這，便是靜好的歲月，安穩的現世。

我為你遠行擔心，為你晚歸發脾氣，為你做很多有用和沒用的事。你允許我發胖，允許我長皺紋，允許我慵懶地倚在床上發呆。記得有個人曾說過：「愛與被愛，不如相愛。」

世上最有福氣的人

我最早看到那個老人的時候，天光漸暗，他正在街角擦皮鞋。枯瘦的手很從容，滿臉的悠然，工是慢工，活是細活。

他的鄰居是個手腳俐落的中年人，又會說話，手藝又好，談笑間鞋子已光亮如新，生意自然要比老人好得多。老人笑咪咪地看著街景，心平氣和地抽煙。

每次擦鞋，我都選那個老人，安靜地坐在他對面的小凳子上，由他細細地擦。擦完了，他滿意地噓一口氣，孩子般展顏一笑。

後來，他不擦鞋了，在學校門口的柳蔭底下修自行車。他還是那麼慢悠悠的，有性急的男生開口催，必招致其他同學的喝斥，那孩子便乖乖地等。後來聽說這個地方不准擺攤，老人便不見了。

再見他時，推著個舊自行車撿廢品，身子骨很結實，仍是滿臉的怡然自得，腰間還帶著個小收音機，邊走邊聽。

我常常疑惑，他樹皮似的面孔為何總是那麼安詳，母親說，那是有福氣的人。我心中嘀咕著：「七十多歲了，依然不能有一口安生飯吃，沒有一份安穩的工作，這福氣也牽強得很吧。」

到了冬天，社區更換了隱蔽式的環保垃圾箱，拾荒者也跟著消聲匿跡。天越來越冷，坐在溫暖的屋子裏，我常會想起那個老人，他現在在哪兒。

某天，班裏的一個學生生了病，我得去他家看看，兒子把他的零食裝了一大袋，讓我帶去。我想再買些水果，在街邊的水果攤上，我又看到了那個老人。他穿著厚實的棉襖，面前只剩一小堆蘋果。他依然帶著收音機，裏邊在播京劇，他一直跟著哼哼。天陰了，雪粒子打在身上簌簌直響，我蹲下身，把那些蘋果一只只撿到袋子裏。

他昏花的眼睛忽地一亮，大聲問我包中的麻糖自何處買來，我回說是朋友從老家帶來的，他哦了一聲，重重地歎了口氣。

他秤水果的時候，我揭開他腳邊的柳條籃，悄悄將麻糖放進去。我發現籃子裏藏著幾個又大又黃的冰糖桔，是留給自己吃的吧，我不禁暗笑。

七拐八彎地找到那個學生的家，孩子高興地只是笑。他母親招呼我坐下來烤火，她對我說，這是兩家合租的屋子，裡間住著一對為人很好的老夫妻，是他們的親戚。門開著，我再次看到了那個老人。

他與妻子對坐著，在一個盆裏燙腳，老人把一片麻糖遞給妻子，老妻剝一瓣桔子給他，順手將桔皮放在爐上。兩人的牙都不好，一點點地吮著嚼，吱吱咂咂吃得有滋有味。

學生的母親笑著對我說，兩位老人的眼睛不好、耳朵也背，說話都是喊著說，他們已經習慣了。她感慨道，這是兩個有福氣的人呢。

她告訴我，二老在一起五十年了。剛結婚妻子就得了病，流水一樣地花錢，也有人攛掇著丈夫離婚，他不理，仍舊急煎煎領著她四處求醫。

妻子的病沒好，他卻被打成右派，抄家、批鬥，銅筋鐵骨的人挺不住了。他半夜裏找繩子上吊，被妻子抱住，輕言細語，滾茶熱飯，硬是捂暖了他的一顆心。

兩個人你耕我織，養大了孩子，妻的病也好了。接著，丈夫與人合夥做生意賠了，還欠了村人幾十萬的債，債主盈門，整日喧囂。兒女們各自逃離，唯有妻子寸步不離地守著他，如多年前那個大難來臨的日子。

兩人千辛萬苦地還完了債，手頭還有一點餘錢。夫妻雙雙進城玩耍，高樓大廈迷住了老妻的心，她捨不得走，鬧著要留下來。老人竟依了她，將鄉下的田包給親戚種，在城裏做東做西掙點小錢，老妻繡鞋墊枕套來賣。兩個人癡癡地愛上了這座城，居然真的留下了。

此時，老婦人正嘖嘖連聲，說今早看到一個老太太，穿的大紅衣裳有多麼好看。老人連聲說：「給你買，明天就給你買！」老太太發急嗔怪道：「我就是說說，誰要了！」老人趕緊哄著：「衣服過年再買，假牙一定要安的！」老太太撒嬌道：「要安也得一起安。」他們倆熱乎乎地商量著——要配眼鏡、要去吃火鍋……彷彿還有一百年的好日子，在前頭喚著他們。

桔子皮被烤出清甜的香味，爐子上的茶壺冒著熱氣，那是世上最溫暖的一爐火吧，而他們，亦是這塵世間最有福氣的兩個人。

誰會遺落矢車菊的藍

蘭兒的故事

當年嫁他，我只取了那份敦厚，愛上他磐石般的堅實與穩妥。他說我是藍色的矢車菊，優雅、細緻、美而靜。

三月風軟，他為我種滿陽臺的矢車菊，從早到晚，香了又香。我慵懶地倚在他背上看電視，一伸手，就能掬滿捧的花香；一側頭，就能挨著他可親的肩膀。我以為，我們會在這樣的花香裏靜靜到老。

不曾想，時光流轉，矢車菊還是矢車菊，磐石居然成了鑽石。房子越換越大，車子越換越高檔，而他在家的時間也越來越珍貴。

陽臺上，矢車菊依然靜靜地香，但沙發上，卻沒了那溫暖敦實的背。只有日影，斜斜照在我心口，如一方落寞的舊絲帕，掩起無數說不得的心事。

我們花了那麼長的時間才找到對方，我們還有更長的歲月要相守，
即使老得剩下最後一顆牙齒，我還是會為你嫣然一笑。

午夜裏，那些曖昧的短訊，不經意地落入我眼簾，像夏日的飛蟲，鑽進不設防的眼睛，痛癢難當，卻又揉不出來。無限酸楚，只有自己知道。

一次，他深夜酒醉，樓梯響處，挽扶著他的女子氣質如蘭。那女子滿目愛憐，眼中再盛不下旁人。她如一個賢淑的小妻子，為他抹臉拭手，斟水遞茶。轉側之間，如金風拂玉露，柔情繾綣，蜜意叢生。

直到那女子斜坐床沿，扶頭擁頸，餵他醒酒丹時，我還是插不上手去，默默立在一旁，像個最尷尬的觀眾。

此時，我多希望自己是玫瑰；是薔薇，哪怕是故鄉紫桿褐枝的棗樹也好，可以生出密密麻麻尖利的刺，不動聲色地傷對方肆無忌憚的手，令她收起迷迭香一般的笑。

但我是矢車菊，藍色的矢車菊，只能優雅著，隱忍著。心生疼，似要裂開，我按捺住所有出不去的心情，走進陽臺。在玻璃窗上，我看到了自己的影子——枝垂葉萎，滿目蕭然。

終於忍不住，將心事吞吞吐吐告訴了好友。她是個律師，上個月才離婚，除了那個負心人之外，孩子、房子、車子、銀子，全數握在手中。現在，她和孩子生活得很自在。

我羨慕這樣有心計的女人，變數突至，不驚不怒，殺伐決斷，何等俐落！哪裡像我，日日彷徨，夜夜惆悵，萬千心緒沒個安放處。

她慨歎道：「愛情散去還復來，千金難覓是世情。我們都是食煙火的弱女子，你要先下手為強！」我苦笑道：「我哪有你那個本事！你又不是不知道，我頭腦簡單，又懶，從不理財，更不插手他的公司。事到臨頭，也只憑他的良心罷了。」

她驚呼一聲，勸我萬萬不可犯傻。她細細教給我如何控制局勢，每一步驟都謹慎周密。風一陣涼似一陣，白紗窗簾撲著我的臉，她的話明明落在耳裏，心卻恍惚如在夢中。當年，我不管不顧，一意嫁他，這樣的愛，居然也不能到老。

生命裏有些東西，捨不得，卻留不住。

在朋友的催促下，我終於動手。保險櫃的密碼是我們相識的日期，我很輕易就破解了。好奇地捧出櫃中那一大疊東西時，我愣住了！

房契地契、存摺、股票、基金所有的單據，都清清楚楚寫著我的名字。包括他的那幾份高額保險，受益人一欄，也都毫無例外地只有我。

對著那些重重疊疊的名字，我久久沉默。朋友的電話又來了，當我告訴她這些，她也呆住了，良久才說：「我還以為，這世上早已沒有愛情了，我錯了！」她長歎一聲，輕輕掛上電話。

難道，真的是我在自尋煩惱？我又試著去打開他的郵箱，沒有任何懸念，那密碼是我們結婚的日子。

在已發郵件裏，我看到了一段話：「你曾無數次地問我，為什麼要傻傻地困在一段婚姻上終老？我想告訴你，她是我鍾愛的那種矢車菊，有著讓人心安的藍。無論再過多久，只要她還在我身邊，我的心就會安定下來。誰會那麼傻，在紛紛擾擾的路口，遺落矢車菊的藍，讓自己的心流落異鄉呢？」

忍了多日的淚，終於肆意而下：「親愛的，你的心也是我今世安穩的家啊。」而我，竟錯把故鄉作異鄉，好在，有矢車菊的藍，淡淡地照亮我回家的路。

鎖定那個愛的頻道

婆婆的故事

晚上接到公公的電話，說要我們幫忙。他打算做切除白內障的手術，婆婆心臟不好，所以一直瞞著她。下星期就要住院了，讓我們找個藉口把婆婆接過來。

我和老公，細細地商量了一番，便打電話向婆婆求救，說老公馬上要出差，我工作忙，一個人實在帶不了孩子，請她過來救個急。果然，婆婆一聽就慌了神，電話沒放就和公公商議同來的事，公公支支吾吾，極不情願，說西方老人從來都不管兒孫的事。

婆婆惱了，不顧天寒地凍，一個人坐著火車趕來。而老公也收拾好行裝「出差」去了，其實他是請了假，去照顧住院的公公。

見到孫子的興奮勁過去之後，婆婆變得心神不寧，我怕她起疑，便極力慫恿她看電視。其實家裏人都知道，婆婆向來不看電視，她說公公的眼睛，就是被電視搞壞的。

但是這一次，她不僅欣然聽從我的建議，而且只要一有空，就坐在電視機前，連飯也捧過去吃。最奇怪的是，她並不看其他老人愛看的電視劇，也不看她喜歡的黃梅戲，只對著一個體育頻道，癡癡地看個沒完，且不許任何人轉台。

那天，我提早下班，看見婆婆居然把麵盆端到客廳來，邊和麵邊看電視。裏面正播著一場拳擊賽，有選手倒地了，她驚叫著，孩子般舉起沾滿麵粉的手擋住眼睛。

接下來發生的事，更讓我驚訝地說不出話。迷戀電視的婆婆，竟然開始與兩歲半的孫子爭頻道，孩子要看卡通片，她要看籃球賽，兩人爭來爭去，孩子手快，搶走了遙控器，婆婆竟一下子哭了，孩子被嚇住，急忙把遙控器遞過去，奶奶這才破涕為笑。

老公打電話來告訴我，公公還有一星期就可以出院，叫我千萬穩住婆婆。我忍住笑，偷偷告訴老公婆婆貪看電視的事。他也覺得詫異：「從前她總嫌我爸愛看球賽，兩個人沒少吵架，現在她自己倒看上了。只是我可憐的老爸，這幾天來天天捶床，抱怨自己耽誤了多少精彩的比賽。」

婆婆開始不住地揉眼睛，然後擦眼淚，我趕緊帶她去醫院就診。醫生開了藥，並告誡她不可用眼過度，婆婆連連點頭。但是一到家，她立刻就打開了體育頻道。我看她一眼，她立即惶愧地低下頭，小聲咕噥著：「我只是聽聽，聽聽也好。」我勸她多出去散散步，她虛應著，眼睛卻仍緊盯著電視，不肯挪開一秒，看得我又好氣又好笑。

早晨起床時，婆婆抱怨醫生開的藥不管用，眼睛還是又疼又澀，我心裏明白醫生是冤枉的。晚上趁婆婆去洗澡的當兒，我讓體育頻道在我家徹底消失，然後若無其事地回到臥室。半夜去洗手間時，我聽見婆婆躺在床上不停地翻身嘆氣，不禁後悔自己做得太絕了些。可想到老人家那雙紅腫的眼睛，我又不能不狠下心來。我暗自嘆息，人老了真變成小孩了，對自己從前深惡痛絕的事，現在竟能迷戀成這樣。

那天一上班，就有同事告訴我，說婆婆每天都在社區的速食店看電視，還與老闆津津有味地聊足球。我這才明白，這些天，婆婆為什麼又狂熱地愛上了散步，並且堅決拒絕我陪同。

我心裏暗暗吃驚，最近一直下雪，婆婆腿又不好，投降是我的唯一出路。我苦笑著向婆婆報告，電視已經修好，可以看體育節目了，婆婆驚喜得兩眼放光。

老公回來了，婆婆也要走了。我給她開了一大堆治眼睛的藥，並再次勸她注意眼睛，她伸伸舌頭，不好意思地笑了。

老公不放心公公的眼睛，隔幾天，就打電話問他恢復得怎樣，囑咐他要多休息。公公美滋滋地說，他現在根本不必用眼，手術期間沒看到的比賽項目，婆婆全看了，給他講得頭頭是道，真是人生一大享受。

婆婆搶過電話說：「老頭子不願同我一起去看孫子，我越想越覺得怪。後來他又說家裏的電話壞了，讓我打他的手機，但是每次打過去，裏面都沒有看體育比賽的聲音。我心想，他的眼睛一定出問題了，所以我就開始幫他看電視。」

婆婆得意洋洋地述說著，電話這頭的我，就這麼被她打動了。婆婆不顧一切地，鎖定的是一個愛的頻道啊。

等一分鐘再分開

悠然的故事

結婚時，燙金的大紅請柬上寫著——相親相愛，白頭偕老。

婚後三年，我們仍然相愛，但不再相親。每每為雞毛蒜皮吵得天翻地覆。吵急了眼，什麼狠話都說得出來。我使用頻率最高的一句話是：「不過了，離婚去！」

第一次喊出來時，連自己都嚇了一跳。沒想到，老公卻積極回應：「好，現在就離！」我怒衝衝地穿戴好了，催他快快出門，早做了斷。他穿著睡衣拖鞋，頂著個亂糟糟的鳥巢頭，起身就走。我喝道：「你這樣子像個神經病，穿齊整一點！」

老公抓耳撓腮：「那你等我一分鐘！」一分鐘後，他轉回身，可憐巴巴地說：「就這樣吧，我穿得再齊整也沒有家了，我兒子也沒有媽媽了。」

猛然間想起，學鋼琴的兒子快下課了，顧不得再吵，一路衝去接孩子。回來後，滿屋子香氣四溢，電火鍋已燒得咕嚕咕嚕。我一坐下來，兒子替我拿筷子，老公給我夾菜。多麼舒服的家啊，傻瓜也知道不要離婚。

再一次吵到離婚時，他故技重演。不過，我這次不上當，哪怕你穿泳裝出門，我只當看不見。

一計不成，老公再生一計。他提出要收拾一下，並說：「我很快的，只用一分鐘就好！」他開始隆重地洗臉、刮鬍子，還再三央求我幫他把西裝燙平。我哇哇怪叫道：「你這是去離婚還是去結婚？」他不回答，只聽見嘩嘩的水聲響。

西裝襯衫都燙平了，我又足足看完了兩集電視劇，以及無限多的廣告，他才笑嘻嘻地從盥洗間出來。臉頰緋紅，頭髮烏亮，看上去像個香噴噴的嬰兒。而我的那股惡氣，早已泄得精光。

再鬧離婚，我根本不聽他的等一分鐘，兇神惡煞般，硬是將他拖出了門。他縮著腳，拼命往回掙，連拖鞋都跌掉了，推推拉拉之際，他就踒了腳。我頓時驚得手腳發涼，懊悔自己太衝動。

到醫院拍了片子，說是韌帶拉傷，需要休息。我賠著十二萬分小心將他攙回來，像老太爺般安頓在沙發上，又忙著給他開電視，削水果，泡茶。

他舒舒服服地翹著腳，看一眼錶，看一眼我，笑咪咪地提醒道：「再等一分鐘，法院的人就下班了哦，要不要去離婚啊？」我背過氣去，抓起一袋松子砸過去，他低頭躲開了。結果是我蹲在地上撿了半天，再由他一粒一粒地剝給我吃。

就這樣，每次鬧離婚，都鬧得皆大歡喜。結婚紀念日那天，微醉的我傻呵呵地問：「老公，你的一分鐘到底是多久呢？」他笑道：「你難道沒聽說過，天上一日，地下一年，我要你等的是天上的一分鐘啊！」我恍然大悟，又問：「我們的婚姻怎麼那麼結實呢？」他哈哈大笑：「你真比少年牛頓還笨，我們是彼此的園丁和鮮花啊！」

不錯，一對相愛的夫妻，正是對方的鮮花和園丁。你掉片葉子我都覺得肉痛，我生了蟲子你更是焦躁難安。彼此間枝蔓相通，冷暖盡知，就算被對方的刺紮著了，亦不會惱恨很久。

我點著他的鼻子傾訴：「老公，你是個好園丁。你的等一分鐘，多次給我台階，讓我們沒有分開。」

他也貼著我的額頭說：「你會做七種口味的早餐；你天天拖我打羽毛球減肥；生氣時你還為我燙衣服。別想賴賬，你也是個好園丁，所以，我情願等你好多分鐘。」

兩個園丁笑呵呵地乾杯，又亮一亮杯底。

世上有無數好花，不過最寶貝的還是自己親手種的鮮花。世上有很多好男人和好女人，不過我們最珍惜的還是眼前的日子，眼前的人。如果再有風波，我們仍然會耐心地，等一分鐘再分開。

曾在嘈雜的集市上，見到一對賣草莓的母子，拘謹、羞澀。
聽周圍人講，他們原先家境殷實，
因投資失敗而破產，這是第一次出攤。
忽然，四歲的孩子對媽媽說：「我喊『新鮮草莓』，
你喊『一塊錢一盒』！」媽媽點點頭。
他們的聲音此起彼伏，有買主問：「草莓甜嗎？」
孩子與母親輕聲齊答：「不甜！」可仍然有人來買，
不為甜，不為酸，只為這對母子在最困窘的時候，
表現出的勇氣和真誠。

孩子的心房

矢車菊的眼睛看得到

新新的故事

自從換了新的語文老師後，女兒整日讚不絕口，說這是她所遇見過最好的老師，我們也為之欣喜。但沒過兩周，女兒竟鬱悶地說，新老師不喜歡她。

見我們不信，女兒拿出了作文本。她的作文一向得A，但這一次，這篇《美麗的矢車菊》，老師竟然給了C！評語是——要寫出真情實感。我與老公左看右看，怎麼看都覺得這是篇優秀作文。

帶著滿心的疑惑，我們找到了這位年輕的老師。他解釋道：「這篇作文按一般的標準來看，文字的技巧運用得相當不錯，可是，請看這一篇。」老師拿出女兒的家庭練習本，說這上面的小練筆，幾乎篇篇都可以打優秀。那篇《矢車菊的眼睛看得到》，得到了一個大大的

A。

老師解釋：「作文本上的那篇，是小孩刻意在模仿大人的腔調說話。而這一篇，雖說結構有些鬆散，卻充滿童趣和靈氣。」接著，老師又細細告訴我們：「孩子的心思，單純時可以是一滴透明的水，豐富時連最高科技的光和影都無法描畫出來。一粒飛舞的塵埃；一聲細碎的蟲鳴；一片青草散發的味道，這些在成人看來平淡無奇的東西，在兒童的世界裏都是新鮮奇妙的。

他們在表述自己獨特的感受時——急切、興奮、無拘無束，加上還不能熟練地運用文字，所以形式上不夠完美。孩子們的文章常常就像他們自己，比如，醉心玩耍時會忘記回家；走路時淘氣地踢著小石子；哭與笑都不怕人看到。但恰恰是這份稚拙，讓人看到那種可貴的天性，並被深深地打動。技巧是可以慢慢培養的，但是這種率真，卻需要好好保護。」

老師誠懇地與我們談了很久，最後，他疑惑地看著我們：「能否告訴我，孩子為什麼會用這兩種極端矛盾的方式寫作呢？」

我與老公面面相覷，臉上都有些火辣辣。

要答覆老師這個問題，便要回到女兒二年級。那時，孩子滿腦子稀奇古怪的想法，總令我們瞠目結舌。最令人頭痛的是，她在語文課上的發言，總被小朋友們當作經典笑話四處傳播。鄰居與同事，一見我們就會忍不住發笑。我與老公時常懷疑，網路上那些令人笑到捧腹的造句，就是我家這位「小傻瓜」的原創。

為了讓令人尷尬的女兒「正常」起來，她所有的語文作業，都由我們進行嚴格的審查，凡是覺得不合常規的，都要當場訂正，這期間，我們發生過無數爭論。比如用「漂亮」造句，她會寫：「我的大門牙很漂亮，中間還有一條縫。」老公驚駭道：「哪有誇自己漂亮的，必須改掉！」女兒仰起頭，笑得一臉自豪：「我就是覺得自己的大門牙漂亮嘛！」我捧著鏡子讓她看：「那麼醜的牙齒，長大都要戴牙套矯正的，還敢說漂亮？」於是，這個句子就成了「天上的白雲很漂亮。」

在我們的督促下，「天氣很熱，我想打110報警。」改成了「天氣很熱，我想吃個冰棒。」；「我跑得像狗一樣快。」改成「我跑得像箭一樣快。」；「小弟弟找不到媽媽，我幫他一起哭。」變成「小弟弟找不到媽媽，我幫他一起找。」

就這樣，一次又一次，在那片小小的領地上，女兒不情願地擦去了自己的思想，寫下了我們的主張。

習慣成自然，日子久了，女兒的「傻氣」漸收，變得「聰明」起來。她的作業本上，不再有讓人汗顏的語句，課堂上也極少鬧出笑話來。我們的心態剛剛放鬆，她在作文中又「呆性」大發，滿篇皆是莫名其妙的句子。老公長歎，真是江山易改，本性難移！

於是，我們開始了新一輪的「修剪工程」，先是去書店買來五花八門的《優秀作文選》，讓她背誦並模仿，直到她的作文也像那些範文般「優秀」。誰能想到，她竟瞞過我們的眼睛，為自己開闢了一個秘密花園，種植自己喜愛的花草。如果不是遇見這位老師，也許，我們尚沾沾自喜於自己的「盡職盡責」，永遠都不知道做錯了什麼。

老師聽完，沉默了好一會兒才說：「孩子不傻，她甚至比我們還聰明，請耐心地看看她的小練筆吧。」

回到家中，我們細細品讀著每篇文章，兩個人都驚訝了，在我們眼裏少不更事的小不點兒，竟有那麼豐富的內心世界，有那麼多不為我們所知的喜怒哀樂。

在那篇《矢車菊的眼睛看得到》文章中，女兒寫道——矢車菊有深藍的眼睛，它能看到兩隻中午吵架的蟲子，在天黑前和好；它能看到開累了的紫藤花，打著呵欠落下來；它能看到頭頂的摩天輪緩緩旋轉，在飛到最高處時，露出得意的笑。

文章的結尾問——為什麼矢車菊看到的，總和爸爸媽媽看到的不一樣？為什麼大人的答案總是正確的？我多想知道，他們小時候，有沒有過一雙深藍的矢車菊眼睛？

這最後一個問號，宛如一隻小小軟軟的手指，輕輕彎下來，觸到我心底的某個角落。那些年少時候的光陰，忽然倒流回來。我也曾向窗前的蝴蝶問早安；託鳥兒替我找回飄走的風箏；也曾堅信每朵鬱金香的花蕊上，都坐著一位可愛的拇指姑娘。那些水彩畫一樣的時光，那些果汁軟糖般的回憶，都被長大成人的我們，一點一點地遺忘了。

深愛孩子，卻沒有教子經驗的我們，只在乎自己的感受，卻忘了要看清孩子的內心；只看重周圍人的目光，卻不願聽孩子的解釋。我們將單純與愚鈍對號入座，在成熟與聰明之間劃上等號，這樣自以為是地合併同類項之後，就匆促地開始「精心修剪」。

我們以父母的優勢，以導師的身份，擋住了她好奇的視線，攫住她天真的手，寫我們世故的心。終於，把她變成了一個矛盾的孩子。

第二天，我們給老師打了電話，除了向他深深道謝之外，還忐忑不安地請教以後該怎麼做。老師真誠回答：「請允許她以自己的眼睛看事物，不要試圖去代替孩子思維。別怕她在學習中走彎路，坎坷也是一種不可忽略的人生體驗。從小到大，要吃下去各種營養，才能長出智慧和力氣。」

老師頓了一下，又說：「如果我們願意相信，其實，每個孩子都有一雙清水洗過的慧眼。」

在老師的建議下，我們為自己訂閱了合適的教養雜誌。收起那些令人眼花撩亂的《優秀作文選》，為女兒買來了她一直想看，我們卻認為她根本看不懂的書籍。

女兒終於可以大大方方地寫作業了，每次拿回來的作文，不一定是A，卻一定有老師中肯的批語。有時，文章只有兩頁，評語竟有一頁多。這時候，女兒比任何時候都開心，在書房裏，她大聲朗讀著老師的評語——

老師真羡慕你，你有一雙清亮的眼睛，能看到春風在小朋友髮梢上跳舞；你有一雙敏銳的耳朵，能聽見糖紙對糖果說再見，那全是因為你有一顆水晶般的心。唯一美中不足的是，文章結尾像急煞車，還有幾個病句，要好好修改一下。

女兒伏案冥思苦想，老公驚歎於她的認真，女兒說：「因為老師看得到！」我與老公相視而笑，正因為老師看懂了這顆水晶心，孩子才能如此清晰地，看到老師心中的愛與期待。

失蹤的寶石

我的故事

一推門，家中恍如遭了劫，像有一群毛賊突然闖了進來。臥室裏尚有窸窸窣窣的聲音，半條棉被胡亂地搭下來，床罩糾結成一團，拖在地上。床頭櫃的抽屜大張著口，抽屜邊上的小玩意亂糟糟地纏在一處。

窗簾簌簌地響，有一處可疑的鼓突。我躡手躡腳地向前，嘩地連窗簾一團抱住！裏頭有個小人手舞足蹈，不停地叫媽媽。一放手，四歲的兒子踢蹬著小腿，笑個不住。

一蹲身，他又到了床底下。我犯愁地看著這淩亂的臥室，問他到底要幹什麼，他脆聲回答：「找寶石！」我叫道：「什麼寶石啊，不許再翻了！」但他彷彿沒聽見我的話，仍在床底下搜尋。

寶石沒找到，從床底扔出的東西，已令我眼暈——有小機器人若干、飛碟坦克若干，外加一些刀刀槍槍。床底下，儼然是一個小型的秘密兵器庫。

接下來，鑰匙、名片、各種優惠卡，當時那樣煞費苦心也沒找到的東西，今天居然全部現身，兒子卻全然不屑，繼續苦尋。我疑惑了，他找的莫不是我那枚寶石戒指，細細的白金圈子，箍住枚紫色的寶石。他給那戒指起名叫「紫眼睛」，曾建議我送給妹妹的布娃娃戴，後來，不知怎麼就找不到了。

忽然，他發出一聲驚呼：「找到了！」人還在床底，髒兮兮的小手已興奮地伸出來。我湊近去看，不過是半塊舊橡皮擦而已！

兒子喜滋滋地說：「那天，媽媽寫錯字，我拿這個來，媽媽誇我是好寶寶。媽媽笑，我也笑。」

原來，我的孩子是為這個才苦苦尋找。忙忙碌碌的我，究竟有多久沒笑了，有多久沒有誇獎過孩子？這小小的孩子，他以為，找到這塊舊橡皮，便能解決一切問題，便能實現自己的心願。而他的心願，不過是「媽媽笑，我也笑」而已。在孩子眼裏，這就是最重要的東西。我蹲下來，開心地看著他，對他豎起了大拇指，他打了個噴嚏，大笑起來。

誰說這塊舊橡皮沒有魔法呢？它真的是一塊寶石，只是，有時候大人反而認不出來了。

向「土豆」學習當媽媽

可蕾的故事

窗外的烏雲糾結著，在醞釀一場風雨。我的心，剛剛已經歷了一場暴風雨，我和女兒發生了激烈的爭吵。

她想剪一位當紅歌星的髮型，我指著海報溫和地說：「你看，她的頭髮全堆在臉上，眼睛只露出小半隻。」女兒不容我說完，學著我的腔調說：「那樣很悶熱，而且怎麼看黑板和寫作業，對不對？」我假裝聽不出她嘲諷的語氣，微笑著點點頭。

「拜託你，媽媽，你要弄清楚，這是我自己的頭髮！」

人的頭髮不知有多少根，但是導火線只需要一根。我們大吵起來，話一出口，就變作飛濺的玻璃渣。最後，她極不情願地妥協了。

我追上去，遞過一把傘，她堅決地推開。從女兒進入青春期後，我已

做媽媽，需要不斷地努力學習，決不能滿足於手中的初級畢業證書。

經不是第一次遭遇這種尷尬。

當初，那個粉色的小肉團，只要吃飽喝足就無限滿足，一聽到我的聲音，就會轉動眼珠，微笑。都已經上了小學，回到家，書包都不放，就去廚房找我，要先將頭放在我胸前一會，才會滿足。

而現在，她一回來，就迅速地關起門，不願意跟我多說一句話，又一方面熱衷於和我頂嘴，仿佛我說的每句話、做的每件事，都是荒唐可笑的。她不斷地，挑戰著一個母親的耐心。

小狗土豆蹭了過來，我傷心地對牠說：「瞧，還是你好，沒有煩惱！」土豆的眼珠，幽幽地看著我。

當年，在寵物市場上，小籠子裏住著一對親暱的母子。店老闆說，吉娃娃至怕孤獨，你把牠們兩個一起帶走吧。我欣然應允，女兒還給那個可愛的小傢伙，取名叫「豌豆」。

一次，調皮的豌豆鑽進了茂密的樹林裏，從此再也沒有找到。不僅土豆傷心欲絕，我們一家也難過了好久。

雨下起來了，女兒很晚才回來，她全身濕透，一進門就直打噴嚏，我遞上一條毛巾，她看都沒看，就衝進了自己的臥室。我猶豫了一下，敲敲門，要她把濕衣服脫下來，她倔強地保持沉默。我推門進去，天哪，她的頭髮，比男生的還短！她挑戰似地看著我，仿佛在說：「這下，你滿意了吧？」我哆嗦著，轉身離開，反倒像自己，裹著一身又冷又濕的衣服。

週末的下午，女兒小心翼翼地請求，要和同學一起去郊區參加一個營火晚會，我拒絕了。她帶著哭腔懇求：「媽媽，我們談談好嗎？」我說：「我不想再與你吵架！」她委屈地叫道：「媽媽，你從來都不肯聽聽我是怎樣想的！」我們之間再度爆發了一場激烈的爭吵，受到驚嚇的土豆，躲進了沙發底下。

我默默地退回臥室，土豆用溫熱的舌頭舔著我的手背。感慨萬端，我用十二年半的時間，辛辛苦苦地養育了一個「敵人」。老公勸我與女兒和解，我咬緊牙關，聲明不再管她的事。就這樣，在同一座屋子裏，我們冷漠地過著互不相干的生活。

那天黃昏，我照例帶土豆出去。不遠處，有個女人拉著條小狗，又罵又踢，小狗嗚嗚地叫著，就是不肯上車。忽然，土豆箭一般衝了過去，瘋了一般拼命去咬被虐小狗的鏈子。那瘦弱的小東西，正是我們丟失了半年的豌豆！我和那刁蠻的女人起了爭執，直到提出要訴諸法庭，她才肯還回豌豆。

見到豌豆回來，女兒臉上露出多日不見的溫柔。她仍然不說話，卻幫忙著給豌豆洗澡，並給牠食物。

我輕喚豌豆，牠警覺地退到牆角，狂吠不止。土豆時不時用鼻子溫柔地蹭牠，或者為牠輕舔傷口，試圖消除牠的緊張，但豌豆卻惱怒地反過來撲咬著自己的媽媽。

豌豆似乎徹底忘記了土豆，牠把這個至親的人當作了敵人。不到一周，土豆已是傷痕累累，我想，還是把牠們分開吧，便打電話請朋友幫忙。

朋友來領豌豆，土豆顯得驚惶不安，牠嗚咽著，哀痛欲絕。我明白，牠是怕再一次失去孩子。當朋友將豌豆裝進小籃時，忽然土豆跳了起來，狠狠咬住朋友的手袋，我們如何勸慰都不鬆口，那種執著的眼神，令人敬畏。

震驚的我，輕輕撫摸著土豆，它有一顆多麼寬宏的母親的心。不怕受傷、不怕失敗，千萬次地去溫暖那顆固執的心。看著這一幕，我的心突然清晰起來。

我努力說服自己，像土豆那樣，慢慢地靠近女兒。她喜歡的CD，我買來放在書桌上；她壞了的眼鏡，我悄悄拿去修好，然後，恢復了幫她曬被子的習慣。我的心中，仿佛拔去了雜亂的荊棘，開出一片安寧的花朵。女兒有些意外，有些不安，但她仍然不願靠近我。不過，我有足夠的耐心去安靜地愛她。

星期天的中午，女兒獨自站在窗前，我走到她身邊，她抬起眼睛，眼神有些憂鬱，看著這個單純、容易受傷的小女孩，我看到一個

 做媽媽，需要不斷地努力學習，決不能滿足於手中的初級畢業證書。

即將長成的明媚少女。誠懇地我說出自己的心情，僵局因此打破了，她終於開口，心底的鬱悶，奔湧而出。

女兒說，其實，那天，她先是賭氣理了明星髮型的，理好了，卻發現很滑稽。懊惱地讓理髮師重剪，沒想到弄得更醜。她傷心到失魂落魄，我卻誤會她還在與我鬥氣。

她還說，那天，去參加郊外舞會的人，剛點起營火，就被瓜農追到上氣不接下氣，那是人家的良種實驗田，種子都已發芽。更丟人的是，第二天訓導主任領著瓜農，像抓賊一樣，挨著班認人，那一刻，她心裏無比感激媽媽。我們倆捧腹大笑，所有的不愉快都在笑聲裏四散逃走。

她還告訴我許多，我從來不知道的一切。她說，有時，那麼急地、不顧一切地否定我，只是想證明自己長大了。可是一旦受挫，又無比沮喪和茫然，那麼渴望媽媽的懷抱，同時，強烈的自尊卻又阻止她靠近我。

我再一次被震撼。每朵花蕾，都是一個青春的結，在打開之前，總會經歷無數的困擾。這樣的時光，只有根莖相聯，知心會意，枝葉相扶，不離不棄，才會開出一朵青春的芳華啊。這些，我明明是知道的，事到臨頭卻要土豆為我做出榜樣。

我感激地看著土豆，牠正與豌豆興致勃勃地玩一只粉色的海綿球，像兩個親密無間的朋友。我與女兒，相視而笑，心裏的那扇窗，被陽光洗得透亮。

給呼倫夫寫封信

我的故事

還記得那天，兒子說，他們地理小組星期天要出外活動。他許諾：「你等著，我會給你找一朵沙漠玫瑰回來。」我搖搖頭：「不，我要一大把，就像街角奇石店裏擺的那一束！」他不禁駭笑：「那怕是要把整個沙漠翻起來才行！」

我們說的沙漠玫瑰，是戈壁上的石頭，它經過千百年的風化後，外形酷似玫瑰。第一次看到它時，我驚到幾乎不能呼吸，這玫瑰無葉無刺，只有大朵大朵縱情盛放的花瓣。我禁不住猜疑，一千年前，它究竟中了什麼魔咒，才能在開到最美的瞬間化為石頭。

兒子將一張報紙舉到我面前：「媽媽，我們給呼倫夫寫封信吧！」

我們合寫過許多信——給少兒頻道的主播寫過；給社區送牛奶的老爺爺寫過；甚至有一年太冷，我們還給春天寫了封信，請它快些回來。如今，我已很久不再給誰寫信，因為三年前的那場病，已讓我無法握筆。

兒子固執地舉著那張報紙，我掃了一眼標題，驀地一驚——《蒙古男孩呼倫夫患肌營養不良症，風都能把他吹倒》。良久，我才出聲：「你先去上學吧。」

兒子走後，我抖著手，拿過那張報紙繼續讀：「要從沙發上站起來，呼倫夫通常需要的步驟包括——側身按住旁邊的沙發座，面朝沙發靠背做爬行狀，從椅背到牆面雙手交替向上，然後小心扶住牆，找到一個微妙的平衡才能放開，顫巍巍地開始走路。」這與我當初的症狀何其相似！

我丟開報紙，將臉深深地埋在手心裏，不想回顧那場噩夢。那樣漫長的艱難和絕望，不僅讓我的身體如被風化，還奪走了我人生中最重要的那塊拼圖——「勇氣」。

出了門，無目的地在街上走，我又來到了那家奇石店。看到那叢沙漠玫瑰，我心想，呼倫夫居住的地方，也有一片大沙漠，也有這樣的玫瑰吧。很快，他也會像我當年那樣，手無法拭淚，腿無力站起，甚至連呼吸都是奢侈，只有頭腦無比清醒。

這時，一對情侶好奇地伸出手想撫摸玫瑰。「別動！一動就碎了！」店主的小兒子大叫。那女孩一驚，嗔怪道：「這還能叫石頭嗎？」男友附和：「就是啊，真的玫瑰花也沒這麼嬌弱！」

倏地，我被這兩句無心的對話擊中，心中刮起了鋪天蓋地的沙塵暴。我與呼倫夫，不正如這脆弱的沙漠玫瑰嗎？空有石頭的名字，卻沒有了石頭的堅硬質地，輕輕一觸就會粉碎。

我逃一樣出了店門，踉踉蹌蹌地上了樓，在打開家門的一剎那，眼淚滾滾地落下來。那張報紙還在茶几上，那個二十歲大男孩的笑臉，在我的淚眼裏模糊而清晰。

晚飯後，兒子陪我去散步，路邊的玫瑰開得正好，不知為什麼，路上零零星星散落著許多小石子。兒子囑我先坐在長椅上，他蹲下來，細細地將小石子撿乾淨。很久以前，就因為踩著一粒小石子，我摔倒在花叢裏，手心被玫瑰刺紮破。兒子捧著我的手哽咽道：「我被這刺紮過，我知道你有多疼！」

就是在這條路上，兒子扶著我學習走路。無限綿長的路，嬰兒般軟弱的雙腿，跌跌撞撞，幾欲放棄。孩子已是滿頭大汗，依然不住地誇讚我：「媽媽真棒，我們已經走到紅玫瑰家門口啦！媽媽真棒，我們已經走到白玫瑰家門口啦！」在他口中，我踉踉蹌蹌的每一步，都有一朵花開。他將我軟弱的手，舉到胸前，一遍又一遍，做成一個豎起大拇指的姿勢。

這個倔強的孩子，從不會輕易放棄什麼，包括那封準備寫給呼倫夫的信。

他寫完作業，洗漱完畢了，對著牆上自己的影子，做了幾個拳擊的手勢。我明白，他在等我，等我跟他一起寫那封信。我囁嚅著開了口：「其實，我跟呼倫夫只是症狀相似，還有，我的手寫字很困難。」

兒子寬容地一笑，叫我先去睡覺。那晚，我不停地做噩夢——我又不會走路了，絕望地跌倒在沙漠裏，一遍遍驚恐地呼叫。兒子一次次叫醒我，讓我別怕，最後，他乾脆靠在我身邊，守著我入睡，就如他小時候發燒，我徹夜守著他那樣。

他去上學後，我在他枕側，發現了一疊稿紙。那些都是寫給呼倫夫的信，有的已經寫了大半頁，有的只開了個頭。上面寫道——「我媽媽也得過這個病，她現在能踢小石子兒，能跟我搶電視遙控器……」

我笑出聲來，不由地拿起久違的筆，哆哆嗦嗦地下筆：「呼倫夫……」可是，字太不成樣子，我長歎一聲，輕輕塗掉。

星期天的早晨，兒子跟著他的地理小組出發。我繼續給呼倫夫寫信，在塗掉半張信紙之後，我決定放棄。下樓散步，看見店主的小兒子，正蹲在地上撿石子。看見我詫異的表情，他用唱歌一樣的聲音解釋：「哥哥說了，如果我能保證你散步時不摔跤，他會送一個飛機模型給我；如果我能查出小石子是誰扔的，他會送兩個飛機模型給我！」

我愣了愣，那些飛機模型，他簡直是當命一樣地寶貝著，要有多大的勇氣，才肯捨得送人，我心底堵塞的什麼東西，似乎也被清理乾淨。我順道買了一疊信箋，淡黃的底子，像沙漠玫瑰的顏色。

我鋪開信箋，泡了一杯茶。忽然，我的手痙攣、抽搐，杯子滑下，滾燙的水直潑在膝蓋。我痛得蹲下來，杯子滾動著，發出刺耳的聲音。好半天，我才站起來，掙扎著收拾殘局。

門開了，風塵僕僕的兒子回來了。看到那疊信箋，他驚喜地問：「媽媽，我們要寫信給呼倫夫嗎？」我沮喪地垂著手，不作聲。兒子捧過一個紙盒，那是一朵赭黃的沙漠玫瑰，晶瑩、纖弱，彷彿下一秒就會碎掉。

兒子身上，散發著被大漠烈日烤過的味道，他興奮地說：「我們可以告訴呼倫夫哥哥……」

我忽然爆發：「我能告訴他什麼，說我連一杯水都倒不好，說我走路常常摔倒，說我像沙漠玫瑰，是徒有虛名的一種石頭！」我驚恐地閉上嘴，淚落下來，我也不想給孩子看見一個如此軟弱的母親。

「不，媽媽，你那麼勇敢。針灸、電療、強力按摩，你什麼都不怕；起床、站立、走路，每個動作你都練習了幾萬遍。連醫生都說你好勇敢，你在我心裏一直是個英雄！」

他看著我的眼睛，繼續說：「還有，老師今天告訴我們，沙漠玫瑰石硬度極低，只有兩度，質地最容易損壞，但卻是石頭中的高貴品種。它經過火山爆發，經過日曬風蝕，不但沒有碎成粉末，反而變成了永不凋零的玫瑰。」

我看著那雙可親的眼睛，眼神裏仍然有五歲時候的執著，有五歲時候的單純。這麼多年了，他一直攙扶著我，一次又一次地告訴我不要害怕。

我忽然明白，只要相親相愛，平凡的我們，就是彼此的英雄。

我拭掉淚，開了燈，桔黃的燈光溫柔地傾洩下來。那朵沙漠玫瑰的影子，清晰地映在白牆上。我在信箋上一筆一筆地寫道：「親愛的呼倫夫，你好……」

黃昏極靜，孩子的呼吸像花開的聲音，一朵，兩朵，三朵，那些細水長流的日子，無論要承載多少意外，它們都會開成一朵一朵的玫瑰，永生不謝。

被春天記在心裏

我的故事

讀小學時的兒子，總有許多稀奇古怪的想法。週末的晚上，他捧著李太白詩集來找我，問李白為何沒有給爸爸媽媽寫詩。我半信半疑，捧著詩集往下翻，翻遍了詩仙的一千多首詩，果然沒有。

我不甘休，又去網上搜尋，孩子忽然狂喜：「找到了！」他的小手牢牢指著一個「母」字，隨後，我看到了那首頗為著名的《宿五松山下荀媼家》——跪進雕胡飯，月光明素盤，令人慚漂母，三謝不能餐。

我向兒子解釋：「這是李白寫給一位老人的，是給詩人吃了一頓晚飯的陌路人，而不是詩人的父母。」兒子不服氣：「李白吃了別人一餐飯，就做一首好詩來感謝，那他天天吃媽媽的飯，該寫多少詩啊！」

這句孩子氣的話，令我的心一動，在幾十年的光陰裏，我們忽略的，往往就是那些最親的人，我們淡忘的，也常常是離自己最近的情。就連詩仙，亦不能免俗。

我對孩子說：「困窘時，給我們買過一碗麵的人；跌倒時，扶了我們一把的人；難過時，給過我們一句安慰的人，都會令我們深深感激。但是父母所做的，大家都覺得是理所當然，不用道謝。」

我放下滑鼠，給兒子講一個故事：

有個偏遠鄉村的女孩，來到縣城讀高中，她一入冬便開始咳嗽。百般醫治無效後，她的父親心急如焚，求了許多偏方來，要她吃下去。女孩漸漸變得不耐煩，父親卻越來越執著，總巴望有一味藥能生效。

那位父親每次送藥來，要先趕到幾十里外的鎮上，如果運氣好的話，他可以搭上每日只有一班的公車。那部老爺車總出故障，假使順利，顛簸三個小時後，他就可以到女兒的學校了。

兒子嚷起來：「他為什麼不坐計程車？」我向孩子解釋，那時還沒有計程車。

很多時候，女孩還沒有下課，父親便站宿舍門口等。父親的腿有關節炎，在零下二十幾度的天氣裏，卻等得心甘情願。父親患著眼疾，他照樣能從放學的人流裏，在穿著一模一樣校服的學生中，認出自己的女兒。他將藥交給女兒，囑她按時按量服用，便立即去趕回程的車。

隨後，那藥便被女孩丟在窗臺上，漸漸積滿灰塵。最後，在某次大掃除時，被漫不經心地扔出去。

兒子插言道：「那個爸爸該多傷心啊！」

我摸摸他的頭，繼續說：

放寒假回家，坐在車上時，那女孩咳得很厲害。一位維吾爾老人，拖著拐杖，挨個兒要車上吸菸的人把菸滅了，這讓女孩大為感激。回去說給家人聽，母親濡濕了眼睛，她的父親，則不斷追問那老人的面貌特徵，恨不能立即去登門拜謝。

那一刻，女孩忽然想起那些被扔掉的藥，不禁心生慚愧。

面前這兩個白髮叢生的人，從不訴說做父母的艱辛，從不計較孩子有沒有說謝謝，也不在意孩子是否給過他們對等的關愛。難道，就因為父母的寬容，子女就可以忽略他們的感受嗎？

兒子急切地問：「那她道歉了嗎？她說謝謝了嗎？」

我點點頭，告訴他，那個女孩就是十多年前的我。

兒子臉上滿是震撼，原來，他眼中最完美的媽媽，也曾這樣地冷漠無知過。

忽然，電話鈴聲響了起來，兒子忙忙把話筒遞給我，是一位好朋友打來的。她家兄弟姐妹眾多，且大都出國讀博士，唯獨她是個普通人。好友對父母頗有微詞，認為二老當年未盡職責，對自己學業督促不夠。

我試著安慰她：「你那時身體差，伯父伯母常說，只要你身體健康，萬事都好。」好友喃喃道：「妹妹那時體質與我相似，為何如今卻在美國做律師？」我不禁駭笑：「原來做人父母，可以不記功，但非得記過!?」

此時，朋友剛看完電影，向我大讚影片中的父母，他們每根白髮都透著睿智，每個眼神都流淌慈愛，一舉一動皆打動人心。接著，好友便開始抱怨自己命苦，逢不著那樣出色的父母。等她傾訴完畢，我將兒子尋詩不得的事、將我高中時的經歷，一一講給她聽。

好友沉吟片刻，也情不自禁地憶起舊事，說到幼時體弱，父母的懷抱常常被她獨佔；說到某次高燒不退，平時極講究形象的父母，淚流滿面，幾乎要給醫生下跪時，她鼻塞聲咽。

記憶的磁片，自動備份了那些珍貴的情感經歷，如果我們願意，可以在一個寧靜的夜晚悉數找回。

「我們的父母不懂得表演，不在乎賺你多少眼淚，亦不留心票房價值，更不會僅演兩小時即宣告劇終。在他們心中，為人父母是一輩子的事。所以宜靜默，不宜喧嚷；宜淡定，不宜張揚，就如，插柳不讓春知道。」

朋友沉默了一會兒，緩緩地說：「如果不是你，我這個粗心的春天，竟不知父母插柳的恩惠呢！」她向我說再見，我猜，下一秒，她一定會去撥打那個久違的號碼。

兒子已經睡著了，李白詩集攤開在書桌上，裏面多了一頁紙，上面用彩色蠟筆寫著：「謝謝你，願意講出自己糗事的媽媽；謝謝你，願意吃我剩蛋糕的爸爸；謝謝你們，告訴我一定要把鞋帶綁緊再下樓；謝謝你們，讓我自己選書櫃的顏色。」

這樣稚氣的詩，東一句西一句，像隨處開著的小野花，卻鮮豔了一個母親的心扉。我們何其幸運，每插一段柳枝，便被春天記在心裏。

我將詩拿給老公看，他連連問：「今天是父親節還是母親節？我怎麼忘記給爸媽禮物！」

我微笑：「你若有一顆善感的心，時時都可以感恩，不必等到某個特殊的日子。」

四月的薰風，穿窗入戶，這是一個多麼溫潤的春天。

給台灣朋友的一封信

小時候，我常常將手伸進陽光裏，試圖捉住一朵，將它藏在掌心。

反反覆覆做過之後，才明白，陽光是有翅膀的，握住了，仍會從指縫間飛走。

如今，我換了捕捉的方式，試圖用文字，留住歲月中最深的溫存。而從未謀面的玉珊，將這些文字，精心地編輯成冊，做成了《家有中等生》一書。

那天，循著玉珊給的網址，我看見了她的部落格——《世茂育兒館》。單讀名字，眼前就會出現一片粉團團的小臉，如滿庭花簇簇，簡直能聽得到嬌憨的笑聲。玉珊將書中部分文章，放在這個小花園裏，供過往的朋友流覽，因此，我得以看到那些真誠的留言。

一條條讀下去，句句都觸在心上，恍若回到幼年，欣欣然張開手，握住一朵又一朵的陽光，掌心變得粉紅剔透，連指尖都成透明。

讀《家有中等生》的留言，有二月春陽，在周身汩汩流動。春風最先眷顧的，往往是普通的小草。其實，我也是一個「中等生」，乘著你的愛意，才能夠擺渡到對岸。

讀《失敗有獎》的留言，有盛夏的陽光，潑潑灑灑，傾瀉而下。在莽莽戈壁，唯有這樣的熱度，才可令瓜果甘甜，棉花長絨，胡楊有勇氣將根鬚紮入二十米深的沙石之下。

讀《遇見世上最好的愛》的留言，那些默契，那些鼓勵，如遇故知，字字傾心，既有染透楓葉的殷切，也有冬日暖陽的貼心。愛與被愛，是人的第十三對肋骨，時時處處，護住我們柔軟的內心。

感謝玉珊，從未辜負每分心意，她及時回覆了所有留言。那些回覆，竟宛如是我自己寫成的。也許，愛孩子的人，不獨心思相近，連說話的口吻都相似吧。

我未曾想到，那些平常的文字，在千山萬水之外，竟得著一個知己，如此用心，朝夕看顧。玉珊的信中說，在這個小花園之外，還有更多肯定的聲音。

原來，陽光是有記憶的。它悄悄地飛走了，卻於多年之後，成群結隊地飛回來，給你無限驚喜。

我從來都不是個出色的人——上小學時，口齒不清，木訥羞縮，作夢都想清晰地講出一句話來；讀中學時，每每看到物理分數，就會覺得整個世界忽然黑屏；做了大人，亦沒有變得出類拔萃，光彩照人。

而你，卻毫不吝嗇地稱讚著這個「中等生」，讓她有勇氣繼續向前走。你在南，我在北，遙遙地隔著七千里路，我仍能感受到，你自鍵盤裏敲擊出的溫馨。

此刻，晨曦微藍，樹刻年輪，風搖花。我無法握到你的手，卻可觸到你柔軟的心。我明白，每一段溫柔的芬芳，都有它自己的來路和歸程。

一冊人生，如一卷古籍，大致有八十回，至多是一百二十回。在所有已知和未知的章節裏，我最珍視的依然是溫暖。你賜予的和煦，我無以為報，只能再將一段真心的文字——《我只丟掉老虎》，呈給你，以示感恩。

編註：《世茂育兒館——劉繼榮專欄》網址http://blog.udn.com/shymau

聽讀者說劉繼榮

- 不管你身處在生活中扮演何種角色，是失意、是痛苦或絕望，這本書讓你知道即使在陰暗角落裡，最終仍然會有溫暖的陽光！
- 劉繼榮的文章讓我們知道以無限的希望與愛去包容任何事物，之後果實必將甜美！
- 我自己是個母親也是個老師，劉繼榮在書裡的話深深打動了我。
- 文章中充滿勇氣與愛意，是一股震撼！
- 啟迪人心，發人深省，帶來正面光明的力量。
- 我喜歡你在文章裡和孩子的心思，我好像看見另一個我在說話。
- 有時候孩子純真赤誠的心，讓被世俗矇蔽了心，已經成年人了的我們更值得省思、學習。
- 書中這些故事雖然是血淚的經驗，不過它有愛和解決的方法。
- 看的我熱淚直流，她的愛使她有如此堅強與巨大的毅力，真的非常感人！
- 每篇文章都令我好感動，雖然有母親的無助和情緒，但是孩子對你深刻的愛，好動人心弦。
- 忍不住要讚賞，文章充滿溫情，激勵油然而生。
- 好文,值得家長與孩子一再咀嚼反思。
- 每回看這一遍『家有中等生』就熱淚盈眶，這一篇在網路上轉載很熱門，常常一再反覆閱讀到不同人寄來分享！
- 好棒的分享，請讓我轉貼在部落格，也分享給我的同事們。
- 很棒的文章分享，只不過, 到現在還淚流不止～～
- 看到最後……我的頭皮發麻；身上的皮膚起雞皮疙瘩；淚水爬上了眼眶周圍……
- 劉女士的筆觸細膩，描繪情感獨具韻味，那麼地誠摯與感心……看得心都揪在一塊兒了……
- 讀著妳的文章, 眼睛不知不覺出汗！

家有中等生

劉繼榮◎著　全彩176頁　定價220元

★商業周刊1107期書摘報導
★金石堂網路書店親子類暢銷第1名
★博客來網路書店親子共享新書／
暢銷雙榜第1名

書店店長：「很久沒有一本親子書賣得這麼快！」
學校老師：「讓我深深自省，原來我對學生的影響這麼大。」
爸爸媽媽：「有血有肉的故事，感人熱淚，我好像看見我自己。」
媒體人：「一股支持父母改變教養心態的力量。」

洪蘭、朱台翔、江立群　共同推薦

劉繼榮的文章獲得兩岸讀者一致最高評價，是各大親子論壇最受矚目的焦點，眾多熱門部落格爭相感動轉貼。

唯有先感動自己，才能感動別人。我們相信，劉繼榮在寫這些文字的時候，是一邊掉眼淚的。

孩子的心，你真正瞭解嗎?你給孩子的，是他真的想要的？是不是天才，是否真的那麼重要？

25篇關於孩子的真實故事，劉繼榮一字一字，認認真真地，寫生活中可以讓自己和別人感動到流淚的文字。她自認是一位軟弱與不完美的母親，時常在期待子女功成名就，與讓孩子快樂成長、活出自己的掙扎中兩難，透過聆聽與互動，她在孩子的愛與包容裡，重新找到自己，並懂得用全新的角度看待孩子。

國家圖書館出版品預行編目資料

我只丟掉老虎 / 劉繼榮作. -- 初版. -- 臺北縣
新店市 : 世茂, 2009.08
面 ; 公分. -- (婦幼館 ; 108)

ISBN 978-986-6363-03-0(平裝)

855 98011753

婦幼館 108

我只丟掉老虎

作　　者／劉繼榮
主　　編／簡玉芬
責任編輯／簡玉珊
版式設計／江依玶
出 版 者／世茂出版有限公司
負 責 人／簡泰雄
登 記 證／局版臺省業字第564號
地　　址／(231)台北縣新店市民生路19號5樓
電　　話／(02)2218-3277
傳　　真／(02)2218-3239（訂書專線）、(02)2218-7539
劃撥帳號／19911841
戶　　名／世茂出版有限公司
單次郵購總金額未滿500元（含），請加50元掛號費
酷 書 網／www.coolbooks.com.tw
製　　版／辰皓國際出版製作有限公司
印　　刷／長紅彩色印刷公司
初版一刷／2009年8月

ＩＳＢＮ／978-986-6363-03-0
定　　價／240元